mentor Lektüre Durchblick

Die Räuber

Friedrich Schiller

Inhalt · Hintergrund · Interpretation

Detlev Mahnert

mentor
Eine Klasse besser.

Willkommen bei »Lektüre Durchblick«!

Sie lesen im Deutschunterricht gerade »Die Räuber«?

Dann finden Sie hier in knapper und verständlicher Form –
oft auf besonders übersichtlichen Doppelseiten – genau die
Informationen, die Sie jetzt brauchen.

Sie werden sehen: Wenn Sie sich mit diesem Hintergrund
»Die Räuber« nochmals vornehmen, steht dem vollen
Durchblick nichts im Wege. Denn je mehr Sie schon wissen,
desto mehr entdecken Sie selbst im Text – und so macht
Deutsch-Lektüre erst richtig Spaß!

Viel Erfolg!

Autor und Verlag

Alle Zitate nach:
Friedrich Schiller: Die Räuber. Ein Schauspiel. Stuttgart
1992 (= Reclams Universal-Bibliothek Nr. 15)

Der Autor:
Detlev Mahnert: Gymnasiallehrer für Deutsch und
Französisch, Autor mehrerer mentor Lernhilfen

Inhalt

Die Thematik

In den »Räubern« geht es um das Motiv der „feindlichen Brüder", um deren vergebliche Rebellion gegen die vom Vater verkörperte weltliche und göttliche Autorität sowie um die Frage, was geschieht, wenn ein machtbesessener Mensch hemmungslos seinen genialen Verstand benutzt.

»Die Räuber« – Freiheitsdrama des Sturm und Drang …

Man kann »Die Räuber« als ein typisches Drama des Sturm und Drang sehen, als leidenschaftlichen Protest gegen die Unterdrückung des Einzelnen durch die Mächtigen und als Darstellung „großer" Menschen, wobei „groß" nichts mit „gut" zu tun hat.

Karl, der sich gegen die Herrschenden stellt, ist der verirrte, im Großen und Ganzen aber positive Held; sein heimtückischer und machthungriger Bruder **Franz** dagegen ist das Ekel. Beide wollen den Umsturz alter Strukturen herbeiführen, beide scheitern aber. Ob dieses Scheitern nun bedeutet, dass die Gesetze diesmal noch gesiegt haben oder dass Revolutionen überhaupt unmöglich sind, bleibt offen.

… oder Ideendrama?

Andere Interpreten sehen in dem Stück vor allem den **Zusammenprall von zwei Weltanschauungen**: Franz und Karl revoltieren beide gegen Autoritäten, aber **Karl** ganz als **idealistischer Rebell** und Weltverbesserer, **Franz** dagegen als intelligenter, aber bösartiger **Materialist**, der seinen Verstand dazu missbraucht, seinen schrankenlosen Egoismus zu rechtfertigen. Beide scheitern, Karl aber gewinnt innere Freiheit, indem er die äußere aufgibt und sich der Justiz stellt.

Die Handlung in Kürze

Der hoch begabte, aber undisziplinierte Karl Moor wird durch eine Intrige seines machthungrigen jüngeren Bruders Franz vom Vater verstoßen, gründet darauf eine Räuberbande, um gegen jede Art von Willkür zu kämpfen, stellt sich zuletzt aber der Justiz, während Franz Selbstmord begeht.

Maximilian, Graf von Moor, hat zwei Söhne: den liebenswerten, etwas leichtsinnigen **Karl** und den jüngeren **Franz**, hochintelligent, aber hässlich und bösartig.

Franz erreicht durch gefälschte Briefe, dass der Vater Karl enterbt und verflucht. Während der tief verletzte Karl mit seinem Kumpanen **Spiegelberg** zusammen eine Räuberbande gründet, treibt Franz mit der gefälschten Nachricht von Karls Tod den Vater in die Verzweiflung, sperrt ihn in einen Turm, gibt ihn für tot aus und übernimmt die Herrschaft. Vergeblich aber versucht er, **Amalia**, Karls Braut, für sich zu gewinnen.

Unter den Räubern bilden sich zwei Gruppen. Karl hilft den Armen, rächt unschuldig Verfolgte und straft korrupte Politiker und Anwälte, die Anhänger Spiegelbergs dagegen sind bloß brutale Kriminelle. – Als **Kosinsky**, ein junger Mann mit ähnlicher Lebensgeschichte wie Karl, zu der Bande stößt und durch seine Erzählungen Karl an Amalia erinnert, beschließt dieser, in die Heimat zurückzugehen. Unter falschem Namen kommt er ins Schloss, erkennt, dass Amalia ihn immer noch liebt, erfährt von Franz' Intrigen und schwört Rache, als er im nahen Wald den eingemauerten Vater entdeckt.

Franz muss erkennen, dass seine Pläne gescheitert sind, und erdrosselt sich. – Der alte Moor stirbt, als Karl sich als der Räuberhauptmann zu erkennen gibt. Karl bricht alle Brücken hinter sich ab, tötet sogar Amalia und stellt sich der Justiz.

Die Personen

Fünf Hauptfiguren tragen die Handlung: der alte Moor und seine beiden Söhne Karl und Franz, Amalia, die Geliebte Karls, sowie Spiegelberg, zunächst Karls Freund, später sein Gegenspieler. Im Zentrum aller steht Karl Moor. Die Personen handeln in zwei unterschiedlichen Räumen: auf der einen

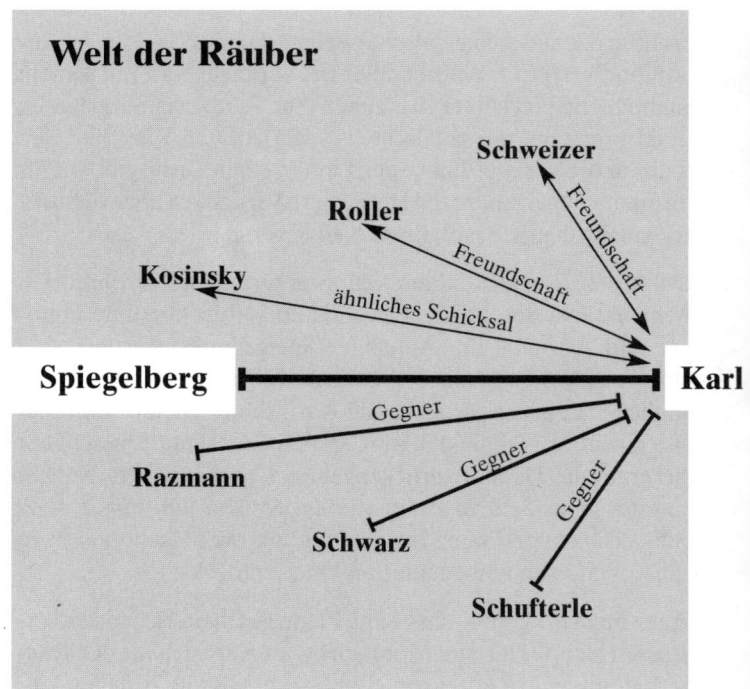

Welt der Räuber

Seite steht **die Welt des Grafen Moor** (der alte Moor, Franz, Amalia, Hermann, Daniel), auf der anderen Seite **die Welt der Räuber** (Spiegelberg, Schweizer, Roller, Razmann, Kosinsky, Schufterle u. a.). Klammer zwischen beiden Räumen ist Karl. Es zeigt sich auch, wie sehr sich Franz isoliert: *Ich will alles um mich her ausrotten, was mich einschränkt* (S. 18/37 f.).

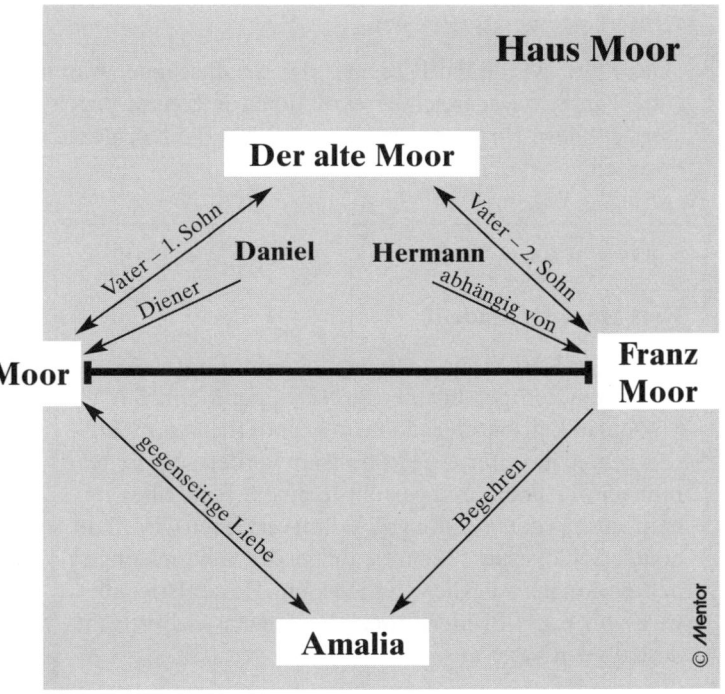

Die Handlung

Das Stück spielt Mitte des 18. Jahrhunderts, also etwa zu Schillers Zeit, in Deutschland (Franken, Sachsen und Böhmen). Die Handlung erstreckt sich über etwa anderthalb Jahre.

Bei der Uraufführung schien dem Mannheimer Theaterdirektor v. Dalberg der revolutionäre Gehalt des Stücks so gefährlich, dass er es in die Zeit um 1495 verlegte und in Ritterkostümen spielen ließ.

Das Stück wurde ein Riesenerfolg; die Zuschauer waren aber gar nicht wegen seiner revolutionären Töne so begeistert, sondern wegen der großen Gefühle, die hier gezeigt wurden.

Vorgeschichte

Karl Moor als Student

Der junge Karl Moor, Lieblingssohn des Grafen Maximilian, ein feuriger, hoch begabter junger Mann, hat als Student in Leipzig allerhand Unfug getrieben und Schulden gemacht, wofür er jetzt bestraft werden soll. Er bereut sein Handeln und gesteht in einem Brief alles seinem Vater in der Hoffnung, dass ihm verziehen wird, dass er aufs Schloss zurückkehren und an der Seite seiner geliebten Amalia glücklich werden kann. Dieser Brief aber wird von Karls Bruder Franz abgefangen und erreicht deshalb den Vater nie.

1. Akt

1. Szene: Der teuflische Plan von Franz

Der alte Moor, bereit seinem „verlorenen Sohn" Karl zu verzeihen, wartet auf eine Nachricht von ihm. Franz, schon immer neidisch auf den bevorzugten Bruder, nutzt die Gelegenheit: Mit einem gefälschten Brief täuscht er dem Vater vor, dass Karl wegen eines (verbotenen) Duells steckbrieflich gesucht werde, und bringt den Vater dazu, seinen Lieblingssohn zu verfluchen. Den entsprechenden Brief an Karl verfasst er vorsichtshalber auch gleich selbst.

2. Szene: Karls Aufstand gegen die ganze Welt

In einer Kneipe wütet der „Kraftmensch" Karl (s. S. 31) gegen die *tintenklecksende* (S. 19/6) Zeit, gegen das Kriechen vor den Fürsten, gegen ein heuchlerisches Christentum und ganz allgemein gegen die beengenden Gesetze, die *noch keinen großen Mann gebildet* (S. 20/28) haben. Spiegelberg, der wildeste unter Karls Kumpanen, spricht davon, eine Räuberbande zu gründen. Da erhält Karl den – von Franz verfassten – Brief des Vaters. Die Überzeugung, dass sein geliebter Vater ihn verstoßen hat, erschüttert ihn tief. Er sieht die ganze Welt in Unordnung und lässt sich von den Freunden mitreißen, Hauptmann einer Bande von Räubern und Mördern zu werden. Sie schwören einander Treue bis in den Tod. Spiegelberg allerdings ist wütend, dass nicht er zum Anführer gewählt worden ist.

3. Szene: Franz macht sich an Amalia heran

Franz versucht, Karl bei Amalia schlecht zu machen, die ihm zunächst deutlich ihre Abneigung zeigt. Er schmeichelt sich bei ihr ein, erzählt ihr dann, Karl habe ihren Freundschaftsring verpfändet und sei von seinen Lastern fast zerstört. Auf Amalias Einwand, so könne ihr Karl unmöglich geworden sein, erklärt er, er habe alles erfunden, um ihre Treue zu prüfen: Karl habe ihn gebeten, sich um sie zu kümmern, wenn er tot sei. Aber gerade diese Behauptung macht Amalia sicher, dass Franz gelogen hat. Sie jagt ihn davon.

2. Akt

1. Szene: Franz will den Vater beseitigen

Franz, überzeugt davon, dass ein Mensch nur ein Klumpen Fleisch sei und wie eine Maschine nach Belieben beherrscht werden könne, plant, seinen Vater durch Einwirkung auf seine Psyche, also durch Psychoterror, zu töten, um selbst Herr im Schloss zu werden: Reue über das, was er als Vater seinem Sohn Karl angetan hat, soll den Alten seelisch und körperlich zerstören.

Zur Ausführung seines Plans benutzt Franz Hermann, den unehelichen Sohn eines benachbarten Edelmanns, den er mit Hinweisen auf seine zweifelhafte Herkunft und mit dem geheuchelten Versprechen, ihm Amalia zuzuführen, gefügig macht. Er übergibt ihm ein Paket mit gefälschten Dokumenten, die Karls Tod beweisen sollen.

Die psychologische Argumentation in Franz' großem Monolog enthält wörtliche Zitate aus Schillers Prüfungsarbeit an der Akademie »Über den Zusammenhang der tierischen Natur des Menschen mit seiner geistigen« (1780; vgl. dazu S. 22).

2. Szene: Die Intrige scheint erfolgreich

Amalia singt dem verzweifelten Vater Moor, der den Tod herannahen fühlt, das Abschiedslied Hektors vor. In diese melancholische Stimmung platzt Franz in Begleitung des verkleideten Hermann, der seine angeblichen Beweise für Karls Tod vorlegt. Amalia, zunächst fassungslos, versucht den sich mit Selbstvorwürfen quälenden alten Moor mit der Hoffnung auf das Jenseits zu trösten; auf seinen Wunsch hin liest sie ihm die biblische Erzählung von Jakobs Klage über den verlorenen Lieblingssohn Joseph vor; damit aber treibt sie ihn endgültig in die Verzweiflung. Der Vater fällt in Ohnmacht, Amalia und Franz halten ihn für tot und Franz triumphiert: Ganz offen zeigt er jetzt seinen Machthunger, der sich über jede Moral hinwegsetzt.

Das Lied von Hektors Abschied bezieht sich auf eine Szene aus dem 6. Buch von Homers »Ilias«: Hektor, der Sohn des trojanischen Königs Priamos, verabschiedet sich von seiner geliebten Frau Andromache, um sich dem entscheidenden Kampf gegen Achill zu stellen. Hektor wird von Achill, dem Enkel des Äakus (deshalb *Äacide*), getötet. Zwei Motive der Szene finden sich in dem Gedicht wieder:
– die den Tod (*Lethe:* Strom des Vergessens) überdauernde Liebe,
– der im Kampf fallende Held.

3. Szene: Glanz und Elend des Räuberlebens

In den böhmischen Wäldern zeigt Spiegelberg im Gespräch mit Razmann seine verbrecherische Gesinnung, die der von Franz verwandt ist; aus dem Bericht Razmanns dagegen wird deutlich, dass Karl in den zurückliegenden 11 Monaten seit der Gründung der Bande immer neben dem Gedanken an Rache auch den Willen zur ausgleichenden Gerechtigkeit demonstriert und sich somit als echter „edler" Räuber erwiesen hat.

Noch über diesen Willen zur Gerechtigkeit aber stellt Karl die Freundschaft: Um den verhafteten Roller zu befreien, opfert er eine ganze Stadt!

Im Gegensatz dazu stehen die aus bloßer Mordlust und Raffgier vollbrachten Greueltaten anderer Räuber, besonders Schufterles Kindermord. Karl muss erkennen, dass durch die Untaten einiger seiner Männer *seine schönsten Werke vergiftet* (S. 67/17 f.) sind: Er wollte ein Kämpfer gegen Unrecht sein, aber in seinem Namen ist furchtbares Unrecht begangen worden. Karl will die Bande verlassen, aber als er feststellen muss, dass sie von vielen Soldaten umzingelt sind, zeigt er sich als heldenhafter Führer. In seiner Begegnung mit dem Pater, dem Unterhändler der Obrigkeit, gegen die Moor zu kämpfen glaubt, macht er deutlich, worum es ihm geht: Er rechnet mit einem verlogenen Christentum ab, mit Egoismus und Korruption der Mächtigen. Seine Leidenschaft überträgt sich auf seine Männer, von denen keiner das Angebot der Obrigkeit annimmt, Moor auszuliefern und dafür selbst straffrei auszugehen. Karl legt sein Schicksal in die Hand seiner Männer (*Seht [...], ich bin ganz wehrlos [...] – Wer ist der erste, der seinen Hauptmann in der Not verläßt?*, S. 75/11 f.), gewinnt sie aber gerade dadurch ganz für sich.

3. Akt

1. Szene: Amalia wehrt sich erfolgreich gegen Franz

Amalia singt im Garten ein dem Geschmack der **Empfindsamkeit** (s. S. 29) entsprechendes sentimentales Lied. Franz nähert sich ihr, wird zudringlich und brutal, aber sie wehrt sich erfolgreich, trotz seiner heftigen Drohungen. Hermann, den sein schlechtes Gewissen plagt, teilt ihr mit, dass Karl noch lebt.

2. Szene: Karls Selbstzweifel

Die Szene *Gegend an der Donau* zeigt einen innerlich zusammengebrochenen Karl: Angesichts der Schönheit der Natur beklagt er seine verlorene Unschuld, sehnt sich nach dem Frieden der Kindheit zurück. Im Sonnenuntergang sieht er das Sinnbild seines eigenen Niedergangs.

Die Freundschaft Schweizers aber, wie auch das Bewusstsein, dass Roller im Kampf gegen die Obrigkeit (Szene II,3) für ihn gefallen ist, lassen Karl wieder zu seinen Männern zurückkehren, denen er noch einmal Treue schwört; denn Rollers Tod für ihn zwingt ihn nun selbst, seinerseits den anderen die Treue zu halten.

Ein junger Mann namens Kosinsky erscheint: Er möchte in die Bande aufgenommen werden. Karl versucht zunächst, ihn davon abzuhalten, aber Kosinskys Bericht überzeugt die Männer: So wie Karl ist auch er durch eine Intrige um seine Heimat und seine Geliebte, die ebenfalls Amalia heißt, betrogen worden. Bei der Nennung dieses Namens fasst Karl den Entschluss, nach Hause zu reisen und Amalia zu sehen.

4. Akt

1. Szene: Karl ist wieder zu Hause

Verkleidet als „Graf von Brand" betritt Karl wieder heimatlichen Boden. Noch immer erfüllt von dem Gefühl, die Unschuld der Kindheit verloren zu haben, begrüßt er die Heimat. Angstvoll und wehmütig sieht er der Begegnung mit Amalia entgegen.

2. Szene: Franz will Karl ermorden lassen

Während Amalia Karl nicht erkennt, hat Franz Verdacht geschöpft und trägt dem alten Diener Daniel auf, Karl zu töten. Die Weigerung Daniels, die aus seiner tiefen Frömmigkeit rührt, tut er mit einem Hinweis auf dessen Pflicht zu unbedingtem Gehorsam ab, und in einem Monolog enthüllt er wieder, wie schon am Anfang, seine gewissenlose materialistische Welt- und Menschensicht: *der Mensch entstehet aus Morast, […] und gärt wieder zusammen in Morast […]* (S. 97/31–40).

3. Szene: Daniel erkennt Karl

Karl erfährt von Daniel, der ihn gleich erkannt hat, dass Amalia ihn immer geliebt hat, aber auch, wie Franz gegen ihn intrigiert hat. Trotzdem will er fliehen: Er muss *vor Sonnenuntergang noch über den Grenzen sein* (S. 101/34 f.).

4. Szene: Karl und Amalia erkennen ihre Liebe

Die 4. Szene zeigt – wie auch I, 3 und III, 1 – wie stark das Stück noch von der Epoche der **Empfindsamkeit** beeinflusst ist (s. S. 29).

Amalia ist völlig verwirrt: Sie empfindet Liebe zu dem vermeintlichen Grafen von Brand, will aber ihrem Karl treu bleiben. In ihren Träumereien von einer im Jenseits erfüllten Liebe verschmelzen die beiden miteinander. Aber als Karl („Graf von Brand") ihr von seiner Amalia berichtet, die so unglücklich sei, weil sie einen Mörder liebe, kann Amalia triumphieren: Ihr Geliebter sei frei von aller Schuld. Karl, überwältigt von der Reinheit ihrer Liebe, ist tief beschämt und flieht.

5. Szene: Karl schwört, Franz zu bestrafen

Die Räuber lagern im Wald in der Nähe eines alten, verfallenen Schlosses. In ihrem Räuberlied besingen sie die absolute Freiheit des Verbrechers, der auch den Tod nicht fürchtet.

Spiegelberg beklagt sich über Karls Launenhaftigkeit und versucht, eine Meuterei gegen ihn anzuzetteln, wird aber von dem treuen Schweizer erstochen. Karl, müde und voller Selbstzweifel (*die Blätter fallen von den Bäumen – und mein Herbst ist kommen*, S. 109/7 f.), reagiert kaum darauf. Er sieht sein edles Räuberdasein verloren, und nach dem vergeblichen Versuch, mit einem Lied seine ursprüngliche Kraft, seinen Idealismus wiederzufinden, greift er zur Pistole, um seinem Leben in Freiheit ein Ende zu setzen, will sich aber dann doch seiner Verantwortung stellen und entschließt sich, sein Räuberleben bis zum Ende zu leben: *Nein! ich wills dulden! […] Ich wills vollenden!* (S. 112/19 und 21).

Schiller greift in dem Gesang von Brutus und Caesar auf Plutarchs »Brutus« und Shakespeares »Julius Cesar« zurück: Dort erscheint vor der Schlacht von Philippi Caesars Geist seinem Mörder Brutus als dessen „böser Engel" – am folgenden Tag stürzt Brutus sich in sein Schwert.

Karl sieht sich in dieser Szene wohl in einer ähnlich ausweglosen Situation wie Brutus angesichts der drohenden Niederlage.

Aus seinen tiefen Gedanken wird Karl durch eine Stimme aufgeschreckt: Es ist Hermann, der gekommen ist, um dem alten Moor etwas zu essen zu bringen. Karls Vater nämlich ist von Franz in eine Gruft dort im Wald geworfen worden, wo er verhungern soll. Hermann versorgt ihn heimlich.

Der Ton der Szene zwischen Hermann und dem alten Moor schwankt zwischen Märchen und Bibel und gibt der Szene etwas ungeheuer Feierliches.

Als Karl das Verbrechen an seinem Vater, dem er sich aus Scham nicht zu erkennen gibt, in seinem ganzen Ausmaß erfasst, schwört er, die Tat fürchterlich zu bestrafen, denn diese Untat sieht er als Ausdruck einer zerstörten Weltordnung: *Die Gesetze der Welt sind Würfelspiel geworden, das Band der Natur ist entzwei, […] der Sohn hat seinen Vater erschlagen* (S. 116/14 ff.).

Die Räuber werden nun noch einmal zu Vollstreckern der Gerechtigkeit: Sie sollen die durch das Verbrechen an Karls

Vater so furchtbar zerstörte göttliche Weltordnung wieder herstellen. Schweizer, Karls bester Freund, schwört seinem Hauptmann, den verbrecherischen Bruder zu ergreifen und lebend zu ihm zu bringen.

5. Akt

1. Szene: Franz erdrosselt sich

Franz, von einem schrecklichen Traum vom Jüngsten Gericht gepeinigt, sucht bei Daniel Hilfe. Dessen Einwand, Träume kämen von Gott und seien eine Warnung und Aufforderung, Buße zu tun, tut Franz als *Pöbelweisheit, Pöbelfurcht* (S. 123/22) ab und lässt den Pastor Moser holen. Obwohl er vorgibt, sich über ihn lustig zu machen, gerät er durch die Äußerungen des Pfarrers in immer größere Panik. Pastor Mosers Warnung, dass „Gott" immer auch „Richter" bedeute und dass dieser Richter nicht zugeben werde, *daß ein einziger Mensch in seiner Welt wie ein Wütrich hause* (S. 126/21 f.), macht dem stolzen Gottesleugner Franz nun doch Angst. Als der Pfarrer sagt, die schlimmsten Verbrechen, die ein Mensch begehen könne, seien Vatermord und Brudermord, schickt Franz ihn in aufflackerndem Wahnsinn fort und befiehlt Daniel, alle Kirchenglocken läuten zu lassen.

Während man hört, wie draußen Schweizer dabei ist, in das Schloss einzudringen, versucht Franz vergeblich, in seiner Todesangst zu beten, trotzt aber schließlich allem *Pfaffengewäsche* (*diesen Sieg soll der Himmel nicht haben*, S. 129/32 f.), nimmt seine goldene Hutschnur und erdrosselt sich.

Schweizer, der erkennen muss, dass er zu spät gekommen ist, erschießt sich.

2. Szene: Karl stellt sich der Justiz

Im Gespräch mit seinem befreiten Vater lässt Karl sich unerkannt von diesem segnen. Den Tod Schweizers nimmt er kaum noch wahr.

Amalia wird herbeigeführt: Sie ist dem fliehenden Karl gefolgt und von umherstreifenden Räubern aufgegriffen worden. Karl will fliehen – als Verbrecher kann er nicht bei Amalia bleiben –, gibt sich dann aber doch auch seinem Vater als der überall gesuchte Räuber zu erkennen. Vor Entsetzen stirbt der alte Moor.

Amalia aber will auf Karl nicht verzichten. Als dieser nun tief bewegt glaubt, endlich Glück und Ruhe gefunden zu haben, erinnern ihn die Räuber an seinen Schwur (vgl. Szene III, 2: *Ich will euch niemals verlassen!*, S. 83/15 f.). Amalia muss erkennen, dass sie Karl nicht mehr für sich gewinnen kann. Damit ist ihr Leben sinnlos geworden. Da sie selbst nicht den Mut hat, Selbstmord zu begehen, bittet sie Karl, sie zu töten.

Was nun kommt, beschreibt **Schiller** selbst in seiner anonym erschienenen **Selbstrezension** nach der Mannheimer Uraufführung:

Karl, schreibt Schiller, *auch im größten Bedrängnis noch Mann, ermordet Amalien, die er nicht mehr besitzen kann, verläßt die Bande, die er durch dieses unmenschliche Opfer befriedigt hat, und geht hin, sich selbst in die Hände der Justiz zu überliefern*[1] und damit die Weltordnung wieder herzustellen:

Er will sich einem armen Tagelöhner gefangen geben und diesem damit zu dem hohen Lösegeld (1000 Louisdor) verhelfen, das auf die Ergreifung des Hauptmanns der Räuberbande ausgesetzt ist.

---

1 alle Zitate aus Schillers Selbstrezension zit. nach: Reclams Erläuterungen (s. S. 39), S. 156–172

Schillers Selbstrezension

Ostern 1782 veröffentlicht Schiller in der Zeitschrift »Wirtembergisches Repertorium« eine Selbstkritik[1] seines Stücks, und es gibt kaum eine Schwäche, die er hier nicht selbst aufgedeckt hätte. Dass er in der Lage war, kurz nach Fertigstellung des Werkes eine so selbstkritische Haltung einzunehmen, verdient wirklich Bewunderung: Immerhin war er zu diesem Zeitpunkt erst 23 Jahre alt!

Gut findet Schiller die Thematik: *nichts Interessanteres [...], als wenn Tugend und Laster aneinander sich reiben*, und die Sympathie des Zuschauers für Karl erklärt er damit, *daß wir dem, den die Welt ausstößt, unsere Tränen in die Wüste nachtragen.*

Heftig geht der Autor aber dann mit seinen eigenen Figuren ins Gericht. Mit Recht fragt er, warum Franz, *aufgewachsen im Kreis einer friedlichen, schuldlosen Familie* so böse ist. Andererseits findet er aber, dass sein Franz *ein eigenes Universum* sei, ganz übereinstimmend mit sich selbst.

Dagegen lässt er anfangs kaum ein gutes Haar an Amalia (*Ich habe mehr als die Hälfte des Stücks gelesen und weiß nicht, was das Mädchen will [...], ahnde auch nicht, was etwa mit ihr geschehen könnte*); allerdings meint er, dass die Szene *Im Garten* (IV, 4) *ein wahres Gemälde der weiblichen Natur* sei. – Den alten Grafen dagegen findet er unmöglich, *klagend und kindisch, einfältig, mehr Betschwester als Christ.*

Abschließend bescheinigt Schiller seinem Stück *Schönheiten* und *kolossalische Fehler*. Später[2] weist er selbstkritisch darauf hin, dass er in den »Räubern« Menschen gestalten wollte, ohne schon Menschen zu kennen.

---

1 Selbstrezension (s. S. 17)
2 1784 in der Zeitschrift »Rheinische Thalia«

Nach der Lektüre der Inhaltsangabe wissen Sie nun auf jeden Fall, was in den »Räubern« alles passiert; manche Szenen erinnern beinahe an Robin Hood, den Schiller ja auch kannte: So wie der berühmte Räuber aus dem Sherwood Forest will Karl Moor mit seinen Leuten die Mächtigen für das Unrecht bestrafen, das sie dem Volk antun – aber hat uns das heute wirklich noch etwas zu sagen? Gibt es in dem Stück noch anderes, Wichtigeres als diese an manchen Stellen doch fürchterlich unwahrscheinliche und unlogische Räubergeschichte mit dem alten Mann und der jungen Frau, die beide so naiv sind, dass sie auf die dümmsten Tricks des bösartigen Franz hereinfallen? Und das Ganze dann auch noch in einer Sprache, die uns heute doch schon sehr fremd geworden ist!

Informationen über den Autor und seine Zeit ...

Nun, auf den folgenden Seiten, werden Sie hoffentlich eine Antwort finden. Sie bekommen zunächst einige Informationen über das Leben Schillers, seine Zeit und seine Hauptwerke; vielleicht werden Sie nicht immer alles brauchen (das hängt auch davon ab, welche Schwerpunkte im Unterricht gesetzt werden), aber Sie können sich damit auf jeden Fall ein besseres Bild von dem Autor machen.

... und zum Textverständnis

In den weiteren Kapiteln finden Sie Informationen zu den »Räubern« selbst – über die sprachliche Form und die literarische Gattung, über Schillers Quellen und die verschiedenen Fassungen des Stückes etc., aber auch Wort- und Sacherklärungen sowie weiterführende Lesetipps. Ein Teil der Informationen steht dabei auf Doppelseiten – das ist übersichtlich, manchmal allerdings auch sehr komprimiert. Wenn Sie aber so eine Doppelseite durchgearbeitet haben, dann haben Sie eine gute Grundlage!

Es folgt dann als wichtigster Teil des Buches eine Interpretation. Das abschließende Kapitel mit typischen Aufgaben und Lösungsansätzen wird Ihnen im Schulalltag bestimmt sehr nützlich sein.

Friedrich Schiller
* 10. 11. 1759 in
   Marbach/Neckar
† 9. 5. 1805 in Weimar

Schiller gilt als der große deutsche Dramatiker der Klassik,
der „deutsche Shakespeare",
der in seinen Dramen den Einzelmenschen im tragischen
Konflikt mit der Geschichte und
der Weltpolitik sieht.

1759	Kindheit in Lorch und Ludwigsburg, fromme Mutter, soldatisch strenger Vater, den der Sohn fürchtet und bewundert. Erster Berufswunsch: Pfarrer.
1773	**Herzog Karl Eugen**, der absolutistische Herrscher in Württemberg, hört von der Begabung des 14-jährigen Schiller und zwingt ihn, in die Militärakademie (später „Karlsschule") einzutreten, ein anspruchsvolles, aber streng militärisch geführtes „College" für die künftigen Offiziere und Beamten des Landes. Schiller studiert Jura, dann Medizin (1780 Regimentsarzt) und leidet sehr unter dem tyrannischen Regiment des Herzogs: kaum Kontakt mit den Eltern, keine Privatsphäre, Schnüffelei, Drill (täglich 9 Stunden Unterricht, Bettruhe von 21–5 Uhr), ständige Strafen. In seinem Lehrer **Abel** (erst 21 Jahre alt!) findet er aber einen bewunderten Förderer: Anleitung zum Selbstdenken, Einblick in die Psychologie (die die Abhängigkeit der Seele vom Körper untersucht).

Das Erlebnis der Freundschaft während des Studiums und glühender Freiheitswille bringen das erste Drama hervor: »Die Räuber« (1781).

1782	Der Herzog verbietet jede weitere Beschäftigung mit Literatur und Kontakte mit dem Ausland; Schiller flieht daraufhin nach Mannheim (damals bereits „Ausland"), hofft auf den Intendanten **v. Dalberg** (s. S. 8), der ihm diesmal aber nicht weiterhilft.
1782	Hungerjahre; zuerst in Oggersheim, später Zuflucht bei **Frau von Wolzogen** (Landgut Bauerbach bei Meiningen); schließlich von Dalberg nach Mannheim zurückgeholt (nach Einsendung von »Kabale und Liebe«, s. S. 22), Anstellung als Theaterdichter; dennoch weiterhin große finanzielle Probleme.
1785-87	Leipzig, Dresden; dann Umzug nach Weimar, Bekanntschaft mit **Charlotte von Lengefeld**, seiner späteren Frau; erstes Zusammentreffen mit **Goethe**, zunächst aber sehr distanziert.
1789	Geschichtsprofessor in Jena (auf Goethes Veranlassung); große historische Schriften.
1790	Hochzeit; kurz danach lange Lungenkrankheit, große finanzielle Probleme; Hilfe durch Freunde; Philosophiestudium in Dresden, Bekanntschaft mit der Philosophie **Kants.**
1794	Beginn der Freundschaft mit Goethe, große literarische Produktivität.
1799	Nach Vollendung des »Wallenstein« Umzug nach Weimar (näher am Theater und bei Goethe!); eigentliche „klassische" Periode (Dramen!).
1804	Letztes Theaterstück (»Wilhelm Tell«); Erhebung in den Adelsstand.
1805	Schwere Erkrankung, Tod am 9. Mai. Er hinterlässt seine Frau und vier Kinder.

Schiller hat ein umfangreiches und vielfältiges Werk hinterlassen: nicht nur Theaterstücke, sondern auch Gedichte, Balladen, Erzählungen sowie bedeutende historische, philosophische und politische Schriften.

Einige (lyrische) Werke hat er in direktem Wettbewerb mit **Goethe** (Balladen) oder zusammen mit diesem geschrieben (philosophische Gedichte »Xenien«).

Sein Werk, anfangs noch von Elementen des **Barock**, der **Empfindsamkeit** und der **Aufklärung** beeinflusst, lässt sich zwei literarischen Epochen zuordnen: das **Frühwerk** (bis »Don Carlos«) dem **Sturm und Drang** (s. S. 28 ff.), die **Hauptwerke** der **Klassik**.

1772–76 Erste Versuche mit Theaterstücken; während der Zeit in der Karlsschule viele Gedichte, die er seinen Mitschülern vorträgt; er sieht sich als Dichter und Vorkämpfer einer allgemeinen künftigen Freiheit.

1777–80 »Die Räuber« (Aufführung 1782).

»Über den Zusammenhang der tierischen Natur des Menschen mit seiner geistigen« (Prüfungsarbeit); Grundidee ist der *merkwürdige Beitrag des Körpers zu den Aktionen der Seele*[1], also der Einfluss der körperlichen Beschaffenheit eines Menschen auf Seele und Geist (vgl. Franz Moor).

1781–83 »Die Verschwörung des Fiesco zu Genua« (Tragödie). Genuas Befreier von Tyrannei wird selbst zum Tyrannen.

»Kabale und Liebe«. Intrigen („Kabalen") der moralisch verkommenen Hofwelt zerstören reine Liebe zwischen Bürgermädchen und Adligem; hef-

---

1 zit. nach: Glaser, Hermann/Lehmann, Jakob/Lubos, Arno: Wege der deutschen Literatur, Darmstadt 1962, S. 189

tige Anklage gegen Tyrannei eines Kleinstaat-Fürsten und gegen den Verkauf von Untertanen als Soldaten.

1785 »Ode an die Freude« (*Freude, schöner Götterfunken*), vertont von **Beethoven** (9. Sinfonie).

1786 »Der Verbrecher aus verlorener Ehre« (Kriminalerzählung).

1787 »Don Carlos« (politische Tragödie). Brauchen die Völker Freiheit oder Zwang?

1788 Historische und kunsttheoretische Abhandlungen, philosophische Gedichte.

1796–98 Mit **Goethe** zusammen: »Xenien« (philosophische Gedichte).

Balladen: »Kraniche des Ibykus«, »Der Taucher«, »Der Handschuh«, »Die Bürgschaft« (Ballade von Freundschaft und Treue).

1799 »Das Lied von der Glocke« vollendet.

1800 »Wallenstein« (dreiteilige Tragödie, Schillers Hauptwerk). Tragödie des kaiserlichen Oberbefehlshabers im Dreißigjährigen Krieg, der in dem Augenblick ermordet wird, als er zum Feind (Schweden) überlaufen will; Symbolgestalt des Dämonischen in der Geschichte.

1800 »Maria Stuart« (Tragödie). Zwei gegensätzliche Frauen, zwei gegensätzliche Prinzipien: Katholizismus und Protestantismus, Liebe und Macht.

1801 »Die Jungfrau von Orléans«. Tragödie um die französische Nationalheldin Jeanne d'Arc.

1804 »Wilhelm Tell«. Schauspiel um den Schweizer Nationalhelden, der für die Befreiung des Volkes den Mord an dem verhassten Tyrannen auf sich nimmt.

1. Akt   2. Akt   3. Akt

Wende

Intrige und Rache – Zerstörung der Weltordnung

1. Handlungsstrang: Konflikt Graf Moor – Franz

Steigende Handlung:
Franz' Intrige aus Machthunger

Itzt bin ich Herr!
Franz scheint am Ziel: der Vater und Karl sind ausgeschaltet

Rückschlag:
Amalia lässt sich nicht von Karl abbringen

2. Handlungsstrang: Konflikt Graf Moor – Karl

Steigende Handlung:
Karls Ekel an der Zeit; tiefe Enttäuschung über den Vater

Räuberleben
negativ: Spiegelberg, Schufterle
positiv, aber auch maßlos: Karl

Abfallende Handlung:
Karl resigniert, will zurück nach Hause

4. Akt   5. Akt

Weltgericht –
Wiederherstellung der Weltordnung

Drama der Zerstörung
aller familiären Bindungen → Familienstück

Kurzes Zusammentreffen beider
Handlungsstränge: Karl im Schloss

Handlung scheint zu Ende:
Franz will Karl töten lassen
Moment der letzten Spannung:
der Anschlag scheitert;
Befreiung des alten Moor

Katastrophe
1. Handlungsstrang:
endgültiges Scheitern der
Intrige – Franz tötet sich

Drama der enttäuschten
Liebe zum Vater → Räuberstück

Handlung scheint zu Ende:
Karl will sich das Leben
nehmen
Moment der letzten Spannung:
Ich wills vollenden.
Karl trifft mit dem befreiten Vater zusammen

Katastrophe
2. Handlungsstrang:
Tod des Vaters, Tötung
Amalias; Karl stellt sich der
irdischen Justiz

© *Mentor*

Merkmale

(dramatischer) Kraftstil des Sturm und Drang (s. S. 28 ff.)

- • • maßlos, ungebändigt, explosiv, wild, laut; vorwärtsdrängend → pathetisch • • •

- • • großer Bilderreichtum, oft gewaltig übertrieben • • •

- • • Kraftausdrücke, vor allem aus der Medizin und der Sexualität • • •
- • • Ausrufe, Flüche, Schreie, Seufzen, Stöhnen • • •
- • • schwäbischer Dialekt: Satzbau, Wortwahl • • •

(lyrischer) sentimentaler Stil der Empfindsamkeit (s. S. 29)

- • • *blumig* (Schiller selbst), musikalisch, lyrisch • • •

- • • zahlreiche biblische Anklänge, z. B. in der Rede des Paters II, 3; „Gedankenreime" des Alten Testaments (je 2 Teilsätze beginnen gleich, z. B.: „Wenn du … dann … / wenn du nicht … dann … nicht" etc.) • • •
- • • gefühlvoll • • •

wissenschaftlicher Stil des Mediziners und Juristen Schiller

- • • erörternd in logischer Beweisführung • • •
- • • Fachausdrücke • • •
- • • Nominalstil: vor allem abstrakte Nomen wie Tugend, Laster usw. in den Reden von Franz (statt Verbalstil des Sturm und Drang) • • •

Textbeispiele

• • • • • • *[…] wenn Blutliebe zur Verräterin […] wird, o so fange Feuer, männliche Gelassenheit, verwilde zum Tiger, sanftmütiges Lamm, und jede Faser recke sich auf zu Grimm und Verderben!* (S. 31/24–28)

• • • • • • *Oh ich möchte den Ozean vergiften, daß sie den Tod aus allen Quellen saufen!* (S. 31/37 f.); *Der milzsüchtige […] Moralist von einem Gewissen mag runzlige Weiber aus Bordellen jagen* (S. 97/36–38)

• • • • • • *das schlappe Kastratenjahrhundert* (S. 19/35); *[wie andere Nonnen] die Stube […] besprenzten* (S. 56/33 f.)

• • • • • • *Hölle und Teufel!* (S. 20/21) – *Ins T-ls Namen!* (S. 129/5)

• • • • • • Daniels Erzählungen in IV, 3 (*Öhrn, am gernsten*)

• • • • • • *Himmlischer Trost quillt von deinen Lippen!* (S. 52/36); *[…] ich will ihm entgegen mit meinen Tränen, meinen schlaflosen Nächten, meinen quälenden Träumen […]* (S. 131/23 f.)

• • • • • • *Ich sollte schweigen auf ewig – denn er ist Euer Sohn; ich sollte seine Schande verhüllen auf ewig – denn er ist mein Bruder.* (S. 9/26 ff.; Unterstreichung vom Autor)

• • • • • • *Daß ich wiederkehren dürfte in meiner Mutter Leib!* (S. 82/10); *Vaterlandssonne! – und Fluren und Hügel und Ströme und Wälder!* (S. 89/11 f.)

• • • • • • Franz, z. B. in S. 41/6–15, S. 16/29–17/12

• • • • • • *des Zergliederers Messer; korrosivische[s] Gift* (S. 41/34 f.)

• • • • • • *[…] Mediziner lehren mich, wie treffend die Stimmungen des Geistes mit den Bewegungen der Maschine zusammenlauten […]; Dissonanz der mechanischen Schwingungen* (S. 40/23)

27

Im Allgemeinen gelten »Die Räuber« als ein Drama des **Sturm und Drang**, insbesondere wegen der typischen Motive (feindliche Brüder, Autorität des Vaters) und der wilden, kraftvollen, pathetischen Sprache.

Der Sturm und Drang (Name nach dem gleichnamigen Schauspiel von Maximilian Klinger, 1776, Höhepunkt zwischen 1773 und 1784), wird heute als späte Phase der **Aufklärung** angesehen, der beherrschenden geistigen Strömung der Zeit zwischen 1690 und 1790.

> Der Philosoph Immanuel **Kant** und der Dichter Gotthold E. **Lessing** haben die **Aufklärung** entscheidend geprägt: Neuer **Mut, sich seines eigenen Verstandes zu bedienen,** statt sich auf Autoritäten zu berufen (Kant), und allmähliche **Befreiung des Bürgertums vom Adel** (Lessing, z. B. in »Emilia Galotti«) sind herausragende Tendenzen der Aufklärung. Darauf bauen die **„Stürmer und Dränger"** auf, **wenden sich** aber **gegen die Überbetonung des Intellekts** und **fordern die Herrschaft des Gefühls.**

Die Epoche wird oft als „Geniezeit" bezeichnet: Das empfindende, schöpferische Genie, der Erfinder (keineswegs aber nur der Höchstbegabte wie im heutigen Wortverständnis!), wird höher bewertet als der kritische Denker. Das Genie ist von Gott begnadet und eifert Gott nach, ohne ihn nachzuahmen. Symbol dafür ist Goethes »Prometheus« (*Hier sitz ich, forme Menschen nach meinem Bilde ...*[1]). Der geniale Dichter, zugleich der Schöpfer, ist einmalig, erhebt sich über die anderen Menschen, schafft Neues, nie Dagewesenes und gibt sich selbst aus innerem Drang die Gesetze.

Obwohl der **Sturm und Drang** wie die **Aufklärung** die Mündigkeit und Verantwortung des Einzelmenschen betont und die Regierenden z. T. heftig angreift, steht er andererseits doch

---

[1] J. W. Goethe, Prometheus, Z. 52 f. (Unterstreichung vom Autor)

auch in völligem Widerspruch zum Geist der Aufklärung, der er vorwirft, dass sie die Gefühle des Menschen so wenig beachtet habe. Dem **Verstand** werden deshalb im Sturm und Drang **Herz, Gefühl, Ahnung und Trieb** gegenübergestellt.

Der für uns heute manchmal kaum erträgliche Gefühlsüberschwang, wie er sich z. B. bei Amalia äußert, hat seine Wurzeln in der **Empfindsamkeit**, einer Epoche, die aus dem **Pietismus** hervorging und sich parallel zur Aufklärung entwickelte.

> Der **Pietismus** ist eine bürgerliche Antwort auf die offiziellen lutherischen Landeskirchen, die eng an den absolutistischen Staat gebunden waren und die freie Entfaltung religiöser Gefühle unterdrückten. Die Pietisten wandten sich gegen religiöse Erstarrung, betrieben eine intensive Selbstanalyse und Seelenschau, und ihre persönliche Frömmigkeit ließ einen bis zur Rührseligkeit gehenden Seelen- und Freundschaftskult entstehen. Die noch im Barock verpönte Kundgabe persönlicher Gefühle wurde zu einer Mode – der Bürger entdeckte seine Seele und schüttete sein übervolles Herz vor allem in Briefen aus. Folgerichtig wurde der Briefroman (vgl. Goethes »Die Leiden des jungen Werthers«) zur beherrschenden literarischen Form.
>
> Die **Empfindsamkeit** ist geprägt von dem Glauben an die Vollkommenheit der Welt. Die Dichter gehen intensiv auf seelische Stimmungen ein. Die „schönen Seelen" der Empfindsamkeit sind menschenfreundlich, optimistisch, moralisch, tolerant, natürlich – „lieb und fromm …".

Während die **Natur** in der Aufklärung wissenschaftlich-sachlich erforscht wurde, sieht der Sturm und Drang in ihr das Göttliche; der Naturmensch wird dem gebildeten Kulturmenschen als etwas Höheres gegenübergestellt. Urheber des Kults um den „natürlichen Menschen" war der französische Philosoph und Schriftsteller Jean-Jacques **Rousseau**. Er vertrat die These, dass alles gut sei, was aus der Hand des Schöpfers komme, während es unter den Händen des Menschen verderbe. Die Zivilisation sieht er als die Ursache allen Übels an.

Die zornigen jungen Männer der Epoche, die Rousseaus für den absoluten Staat gefährliche Freiheitsideen aufgriffen, erregten Aufsehen mit ihrem ungeheuren Pathos und ihrem Genie … Sie liebten unschuldige Kinder, schlichte Frauen, Bauern, Handwerker, Kleinbürger und urwüchsige Kraftgestalten wie Götz von Berlichingen und protestierten gegen die Unterdrückung des Bürgers durch die absolutistischen Fürsten. Meist blieben aber sowohl die Sympathien als auch die Proteste auf dem Papier; denn die politischen Verhältnisse (Kleinstaaterei, Machtmissbrauch der Fürsten, Rechtsunsicherheit, Zensur) erlaubten es den Schriftstellern nicht, sich wirklich ins politische Leben einzumischen, sodass sie ihren Tatendrang in ihren Werken befriedigen mussten.

> Der **Sturm und Drang** blieb immer **eine rein literarische Revolution**, die nicht von einer revolutionären politischen Bewegung im Volk getragen wurde. Die tragischen Helden der Epoche (Karl Moor, Werther, Götz) müssen erkennen, dass ihr innerer Drang, die Welt im Sinne größerer Menschlichkeit und Gerechtigkeit zu verändern, im praktischen Leben scheitern muss.

Der bedeutendste **Roman** der Epoche ist **Goethes** Briefroman »Die Leiden des jungen Werthers«: Mit dem Sturm von Leidenschaften, Gesellschaftskritik und tiefer Natursehnsucht verband er die neue Modewelle der Empfindsamkeit. Die tragische Geschichte um den unglücklich verliebten Werther traf offenbar den Nerv der Zeit – der Roman hatte einen sensationellen Erfolg in ganz Europa (und außerdem eine verheerende Wirkung auf junge Leute: In Nachahmung des unglücklichen Selbstmörders Werther gab es eine ganze Welle von Selbstmorden …).

Seine **Höhepunkte** erlebte der Sturm und Drang jedoch in der **Lyrik** (vor allem bei Goethe) und im **Drama**.

Die **Lyrik** wird durch **Goethe** endgültig zur Erlebnisdichtung, in der das eigene Leben verarbeitet wird.

✔ Das **Drama** gestaltet als **Hauptthema** den **Konflikt zwischen dem Naturmenschen und der Kultur** der Zeit

- als Kampf um Freiheit und Bürgerrechte (Schiller: »Kabale und Liebe«, »Die Verschwörung des Fiesco zu Genua«),
- als Auseinandersetzung mit der Gesellschaft (Goethe: »Götz von Berlichingen«, Schiller: »Die Räuber«),
- als Kampf gegen eine verlogene Sexualmoral (Lenz: »Die Soldaten«) oder
- als Kampf für natürliche Religion und moralische Ordnung (»Die Räuber«).

Vorbild der Dramatiker war **Shakespeare**.

✔ **Kennzeichen der Sturm-und-Drang-Dramen**

- **Statt der klassischen drei „Einheiten"** des Ortes, der Zeit und der Handlung (s. S. 34) **„Einheit der Charaktere"** (Lenz) – der Charakter wird Zentrum und auslösendes Element des Dramas.
- **Verherrlichung der Kraft(kerle):** „Kraft-Stil" (s. S. 26), oft gekennzeichnet durch unvollständige Sätze (extrem bei Lenz); Häufung von Ausrufen, Flüchen und Schreien (einzigartige Rolle des Ausrufezeichens!).
- **Bekenntnis zur Leidenschaft**, zu unbedingter Liebe und glühendem Hass, zur Freundschaft wie zur Intrige, **zum Schauerlichen, Krassen, Monströsen**, zu brutaler Gewalt, aber auch zu **zarter Empfindung**.
- Handlungen oft sehr zerrissen, Zusammenhänge eher durch Zufälle als durch planvolles Vorgehen.
- Statt Versform fast immer (Ausnahme: Goethes »Urfaust«) eine **Prosa, die sich bewusst der Alltagssprache nähert**, aber auch mit Übertreibungen und oft schwülstigen Bildern.

Wir finden in Schillers erstem Schauspiel neben den Elementen des **Sturm und Drang** auch Motive aus dem **Barock**, der **Empfindsamkeit** und der **Aufklärung**.

Elemente des Sturm und Drang
Formal

••• Loslösung von den Regeln für das Drama ••

••• an vielen Stellen maßlose Sprache und Übertreibungen •• (s. S. 26 und 31)

Inhaltlich

••• Revolutionsstimmung ••

schillers eingesperrt sein

••• Freiheit ••

••• Kraftmeiertum ••

••• Lust, „große Männer" zu zeigen, auch große Bösewichte ••

••• Verachtung des Alltagslebens ••

••• Freundschaft, Treue ••

(Rettung Roller)

Elemente anderer Epochen

Barock (17. Jh.)

••• Lust an der „großen Oper" mit all ihrem Prunk ••

••• Denken in Gegensätzen (Gegensatz Mensch/Gott, Lebens-•• lust/Todesangst)

Pietismus und Empfindsamkeit (s. S. 29)

••• Frömmigkeit und Gefühlsreichtum, z. B. bei **Klopstock** •• (1724–1803)

(Amalia)

Aufklärung (s. S. 28)

••• der Mut, sich seines eigenen Verstandes zu bedienen ••

(Karl / Franz)

●●●●●● Verzicht auf die „drei Einheiten" (s. S. 34)

●●●●●● z. B. S. 20/4–35; S. 30/21–29; S. 31/17–32/21; S. 33/3–17;
S. 41/16–36; S. 52/1–11; S. 69/38–70/34; S. 138/12–15

●●●●●● vor allem in der Erstfassung (s. S. 48 f.), aber auch I, 2
(S. 20/4–35) oder II, 3 (S. 71/31 ff.; S. 72/15 ff.)

●●●●●● *Freiheit brütet Kolosse und Extremitäten aus* (S. 20/27)

●●●●●● *Ich fühle eine Armee in meiner Faust.* (II, 2; S. 75/23)

●●●●●● Karl, Franz; vgl. auch S. 12/9

●●●●●● I, 2: S. 19/35 ff., S. 20/24 ff., S. 27/31 ff.

●●●●●● S. 33/18 f.; Rettung Rollers durch Karl; Treue der Amalia

●●●●●● überquellende Bilder, Aktionsreichtum, große Gefühle

●●●●●● Freiheit/sittliche Ordnung; Tugend/Laster; Tugend/Ver-
brechen; Schönheit/Hässlichkeit; auch die beiden Hauptfiguren (Typen aus dem Welttheater des Barock)

●●●●●● Amalia habe *zu viel im Klopstock gelesen*, schreibt Schiller selbst (in seiner Selbstrezension, s. S. 18)

●●●●●● Franz als – gewissenloser – Aufklärer

Als Schiller begann, »Die Räuber« zu schreiben, war er gerade 18 Jahre alt, also sicher nicht in dem Alter, in dem man sich gern an feste Regeln, an vorgefertigte Muster hält – besonders nicht in einer Zeit, die das Genie verherrlicht, das sich selbst die künstlerischen Regeln gibt. Und gerade für das Theater gab es ja ganz feste **Regeln**, die man von den Franzosen übernommen hatte: Der deutsche Dichter und damalige Literaturpapst Johann C. **Gottsched** (1700–1766) hatte in seinem Hauptwerk »Versuch einer kritischen Dichtkunst« (1729) festgelegt, dass die Regeln der französischen Dichtung auch für die deutsche Dichtung zu gelten hätten. Schönheit war nach diesen Regeln gleichbedeutend mit **Ordnung und Maß** in Sprache und Form.

Für das **Theater** galten z. B. die **drei Einheiten**:

- die **Einheit des Ortes** (das Stück darf nur an <u>einem</u> einzigen Ort spielen),
- die **Einheit der Zeit** (alles muss sich innerhalb von höchstens 24 Stunden abspielen) und
- die **Einheit der Handlung** (nur <u>eine</u> Handlung, keine Nebenhandlungen, Abschweifungen etc.).

Das nach diesen Regeln geformte Drama (nach dem griechischen Philosophen und Theatertheoretiker Aristoteles nannte man es **„aristotelisches Drama"**) hatte auch einen weitgehend verbindlichen

Musteraufbau (5 Akte in symmetrischem Aufbau):

1. Akt: **Exposition:** Einführung der Personen, des Konflikts, der Voraussetzungen
2. Akt: **Steigende Handlung**, Verwicklungen, **Knoten**
3. Akt: **Höhepunkt**, Umschwung, **Peripetie**
4. Akt: **Fallende Handlung**, Moment der letzten Spannung, **retardierendes Moment:** doch noch glückliches Ende?
5. Akt: **Auflösung, Katastrophe**, Tod

Der junge Schiller hatte wie mancher seiner Zeitgenossen mit solchen Regeln nichts im Sinn – seine aufgestaute Wut, sein

Freiheitswille konnten sich nicht in eine vorgegebene Form pressen lassen: Er brauchte ein Ventil.

Aus dem Schaubild S. 24/25 können Sie schon erkennen, wie wenig er sich an die Regeln hält: Zwar hat das Stück, das er selbst nicht „Tragödie", sondern „Schauspiel" nennt, 5 Akte, und der 1. Akt enthält die Exposition, der 5. die Katastrophe, aber um die anderen Regeln kümmert er sich nicht sehr.

Abweichungen von den Regeln in den »Räubern« *des dar Theaters*

- Der **Spannungsaufbau** ist **nicht symmetrisch:** fallende Handlung schon von Beginn des 3. Akts an, der ganz untypisch kurz ist: nur 2 Szenen.
- Das Stück hat **zwei Handlungen,** die bis zum 4. Akt nebeneinander laufen, sich kurz berühren, dann aber wieder trennen, dazu noch **kleinere Nebenhandlungen** (Spiegelberg-Intrige, Kosinsky-Geschichte).
- Es gibt **viele (Neben-)Personen.**
- Das Stück spielt an **verschiedenen Orten.**
- Die Handlung läuft sprunghaft ab und umfasst eine **Zeit von etwa anderthalb Jahren.**
- Die Sprache enthält **Elemente der Alltagssprache.**

Dabei hat Schiller noch besonders effektvolle dramatische Möglichkeiten ausgelassen: Franz und Karl treffen nicht einmal aufeinander, man hört nur kurz (4. Akt), dass sie sich gesehen haben. Was hätte das für eine Szene geben können!

Formal sind »Die Räuber« also nicht dem (späteren) Drama der deutschen Klassik verwandt, sondern Stücken wie den »Soldaten« von **Lenz** (Mini-Szenen, ständiger Schauplatzwechsel, Handlungsabweichungen, Alltags-, sogar Umgangssprache und Dialekt), **Goethes** »Götz von Berlichingen« (Ortswechsel, Perspektivwechsel, kurze und lange Szenen) und selbst **Büchners** »Woyzeck« (von 1836!).

Schillers Hauptquelle war wahrscheinlich die Erzählung »Zur Geschichte des menschlichen Herzens« von Christian Friedrich Daniel **Schubart** (1775). Schubart, ein witziger und respektloser Dichter, war von **Herzog Karl Eugen** ohne Urteil in Festungshaft genommen worden und blieb zehn Jahre eingekerkert. Dieses Unrecht hat auf Schiller tief gewirkt.

1615	beendete Miguel de **Cervantes** seinen »Don Quixote«; der darin vorkommende Räuber Roque dient Schiller als Modell für die Figur des Karl.
1761	wird in Schwaben der so genannte **„Sonnenwirt"** Friedrich Schwan verhaftet (übrigens durch den Vater von Schillers Lehrer Abel!) und kurz darauf hingerichtet. Er hatte, nachdem er für kleinere Vergehen übermäßig hart bestraft worden war, einen fürchterlichen Rachefeldzug als Anführer einer Räuberbande unternommen.
1775	»Zur Geschichte des menschlichen Herzens« (s. o.) Die Erzählung handelt von zwei ungleichen Brüdern. Carl sucht beim Vater Verzeihung für ein paar Jugenddummheiten, was Wilhelm verhindern kann; Carl wird nun Helfer bei einem Bauern und kann eines Tages seinen Vater aus den Händen von Mördern retten, die Wilhelm beauftragt hat, weil er das väterliche Vermögen haben will. Am Ende verzeiht Carl sogar seinem mörderischen Bruder.
1775	Maximilian **Klinger** veröffentlicht »Die Zwillinge« (Motiv: feindliche Brüder) und das Ritterstück »Otto« (Handlungskern: Vater liebt den verstoßenen älteren Sohn Karl viel mehr als den „Schleicher" Konrad).
1775	»Julius von Tarent«, von Johann A. **Leisewitz** (ebenfalls Motiv der ungleichen Brüder – Schiller kannte große Teile davon auswendig).

Von den »Räubern« existieren mehrere Fassungen, weil Schiller das Stück ein paar Mal umgeschrieben hat – oder umschreiben musste ...

1790 Beendigung des Manuskripts der »Räuber«.

1781 Schiller lässt eine gemilderte Fassung als »Die Räuber. Ein Schauspiel« auf eigene Kosten veröffentlichen. Wir zitieren in diesem Buch aus dieser Fassung: Sie gilt heute als die maßgebende, weil Schiller seine Absichten darin noch ohne Rücksicht auf Zensur, Publikumsgeschmack und Intendantenängste verwirklicht hat.

1782 2. Auflage, geringfügig geändert, mit dem berühmt gewordenen Motto *in tirannos* (gegen die Tyrannen) auf dem Titelblatt.

1782 Im »Mannheimer Soufflierbuch«, dem Text, der tatsächlich bei der Uraufführung gespielt wurde, kann man sehen, was für große Änderungen Schiller gegen seinen Willen anbringen musste: 7 „Handlungen" statt 5 Akten (angeblich wegen notwendiger Umbaupausen), Verlegung der Handlung ins 15. Jahrhundert (wegen der kritischen politischen Aussagen), keine lyrischen Einlagen mehr, kein Pastor Moser mehr, der schimpfende Pater im 2. Akt wird zu einem städtischen Beamten, Franz tötet sich nicht selbst, sondern wird von der Bande umgebracht, dafür bringt sich aber Amalia selber um.

1782 Nach dem großen Erfolg der Uraufführung lässt Schiller eine Neuauflage drucken (»Die Räuber. Ein Trauerspiel«), in der er eine Reihe der schlimmsten Änderungen wieder zurücknimmt. Diese Fassung wird heute als „Trauerspiel" – im Gegensatz zum „Schauspiel" (der Erstfassung) – zitiert. Ihr Schluss enthält einige für den heutigen Geschmack ziemlich kitschige Stellen.

Der Stoff der »Räuber«

Schiller sprach öfter davon, eine Fortsetzung zu den »Räubern« zu schreiben – hätte es damals schon Fernsehen gegeben, wäre auch sicher eine geschrieben worden, so aber blieb es bei den Plänen und einigen Skizzen, die auf ein ziemlich moralisierendes Stück schließen lassen.

Einen parodistischen Schluss verdanken wir dem Schriftsteller Ernst **Penzoldt** (1892–1955): Der Tagelöhner, dem Karl Moor die 1000 Louisdor verschaffen will, wenn er ihn dem Gericht ausliefert, will das Geld absolut nicht haben, weil er keine Schuld auf sich laden will und weil er Moors Kampf gegen das Unrecht richtig findet. So muss Karl unverrichteter Dinge abziehen und die unangenehme Aufgabe selbst übernehmen, sich dem Gericht auszuliefern …

Auch als Oper gibt es »Die Räuber«: 1850 veröffentlichte Giuseppe **Verdi** die Oper »I Masnadieri« („Die Räuber"), 1957 schrieb Giselher **Klebe** die Oper »Die Räuber«.

Das Motiv des „guten Räubers"

Das »Räuber«-Thema vom eigentlich guten, zu Großem fähigen Menschen, der durch Unrecht zum Verbrecher wird, hat **Schiller** nicht losgelassen:

1786 veröffentlichte er die Erzählung »Der Verbrecher aus Infamie« (die Geschichte des „Sonnenwirtes", s. S. 36), 1792 eine Neufassung unter dem Titel »Der Verbrecher aus verlorener Ehre«.

Das Thema des Menschen, der aus verlorener Ehre oder aus zerstörtem Selbstwertgefühl zum Verbrecher wird, hat Heinrich von **Kleist** 1810 in seiner Meisternovelle »Michael Kohlhaas« gestaltet – der Geschichte eines Mannes von bestem Charakter, der nach einem Unrecht, das ihm angetan wurde, aus verletztem Rechtsgefühl zum Räuber, Mörder und Brandstifter wird, sich aber am Schluss, nachdem das Unrecht wieder gutgemacht worden ist, ohne Widerstand hinrichten lässt.

Lesetipps

Zahlreiche Worterklärungen, Textvarianten, Schillers Selbstrezension (s. S. 18), Berichte über die Wirkungsgeschichte etc. finden Sie in »Friedrich Schiller. Die Räuber. Erläuterungen und Dokumente«, hg. v. Christian **Grawe**. Reclam UB Nr. 8134, Stuttgart 1976.

Eine umfangreiche Darstellung, zum großen Teil allerdings anspruchsvoll, gibt Benno v. **Wiese** in »Friedrich Schiller«, Stuttgart (Metzler) [4]1989.

Sehr anschaulich ist das Buch »Friedrich Schiller in Selbstzeugnissen und Bilddokumenten« von Friedrich **Burschell** (rowohlts monographien 14), Reinbek 1958.

Interessantes erfahren Sie auch aus Ernst **Müllers** (zum Teil gut lesbarem!) Werk »Der junge Schiller«, Tübingen 1947.

Wie ein bedeutender moderner Autor respektvoll-kritisch mit Schiller umgeht, kann man beispielhaft der folgenden Rede entnehmen: Friedrich Dürrenmatt, »Rede zur Schiller-Feier am 9. 11. 1959 in Mannheim«, Zürich (Die Arche) 1959.

Weitere benutzte Literatur

Scherpe, Klaus R.: »Die Räuber«. In: Hinderer, Walter (Hg.): »Schillers Dramen. Neue Interpretationen«, Reclam UB Nr. 8807, Stuttgart [2]1983, S. 9–36.

von **Wiese**, Benno: »Die deutsche Tragödie von Lessing bis Hebbel«, Stuttgart (Metzler) [4]1958, S. 170 ff.

Hensel, Georg: »Spielplan. Schauspielführer von der Antike bis zur Gegenwart«, Darmstadt (Koch) 1966, S. 365–375.

Žmegač, Viktor (Hg.): »Geschichte der deutschen Literatur vom 18. Jahrhundert bis zur Gegenwart I, 1«, Königstein (Athenäum) 1979, S. 246–249.

S. 9/21   *Zeitung:* Bericht über ein Ereignis

S. 9/25 f.   *verlornen Bruder:* auf das Gleichnis vom verlorenen Sohn (Luk. 15, 11–32) wird im Stück immer wieder angespielt (vgl. Klausuraufgabe, S. 60 f.)

S. 12/14   *Phryne:* schöne griechische Prostituierte

S. 19/24   *alexandrinisch geflennt:* in Alexandrinern, dem als altmodisch empfundenen Versmaß der französischen Klassik und des deutschen Barockdramas, gejammert

S. 20/11   *Aufstreich:* Verkauf an den Meistbietenden

S. 21/4   *Vorhaut:* Spiegelberg ist beschnitten

S. 22/27   *den alten Filzen [...] aufgezogen:* sich über den alten Geizkragen [...] lustig gemacht

S. 27/37   *zum Kalbsfell schwören:* den Soldateneid leisten

S. 28/1   *nach dem Takt [...] gehen:* Spießruten laufen

S. 28/2 f.   *im Galliotenparadies ... hinterherschleifen:* als Galeerensträfling eine Eisenkette schleppen

S. 29/20 f. *die Engel mit Schwänzen [...] Synedrium halten:* die obersten Teufel [...] eine Sitzung abhalten

S. 29/26   *dreibeiniges Tier:* Galgen

S. 35/39   *das garstige Laster:* Syphilis

S. 36/21   *englisch:* wie ein Engel

S. 40/25   *gichtrische Empfindungen:* krampfartige Schmerzen

S. 41/20 f. *Eumenide:* gnadenlose Rachegöttin

S. 44/25   *Treffen bei Prag:* Schlacht im Siebenjährigen Krieg (1757)

S. 56/25   *hasselieren:* (militärisch) dauernd angreifen

S. 57/3   *die übriggebliebenen wenigen Edlen:* die Zähne

S. 57/24   *das man [...] nicht [...] frißt:* bei dem man sich Mühe geben muss

S. 58/12   *wohlfeile Zeit:* langweilige freie Zeit
             fünf Prozent: Schuldzinsen

S. 58/30   *Hamen:* Fischernetz

S. 59/26   *den Zopf hinaufschlagen:* mitmarschieren

S. 65/31   *über den alten Kaiser zu plündern:* plündern im Bewusstsein, nicht bestraft zu werden

S. 66/17   *ihre Laken vergolden:* (iron.) ins Bett machen

S. 72/18   *Rotte Korah:* s. 4. Buch Mose 16,5

S. 73/4   *das Ungeheuer am Nilus:* das (bösartige) Krokodil (vgl. „Krokodilstränen" = geheuchelte Tränen)

S. 77/29   *Seladon:* im Rokoko schwärmerischer Liebhaber

S. 87/7   *Abbadona:* gefallener Engel, der bereut (aus dem »Messias« von Klopstock)

S. 85/30 *Hofmeister:* Hauslehrer in reichen Familien

S. 89/19 *Fanger:* Eule als Lockvogel

S. 89/22 *Arbela:* Schlachtort (Alexander siegte hier gegen die Perser 331 v. Chr.)

S. 94/2   *vergeben:* vergiften

S. 97/36 *Der milzsüchtige ... foltern:* Gewissen als übel gelauntes Wesen, das höchstens alten Weibern oder Wucherern auf dem Totenbett Angst macht

S. 107/12 *an der Kunkel hat:* im Schilde führt

S. 108/8 *Bettel:* Runde beim Kartenspiel

S. 108/39 *Nemesis:* die rächende Gottheit der Griechen

S. 110/18 *Minos:* im antiken Totenreich der Richter, der die schwierigsten Fälle bearbeiten musste

S. 111/26 *Warum hat mein Perillus [...] bratet?:* Perillus soll für seinen Herrn einen hohlen eisernen Ochsen gegossen haben, in dem Verbrecher lebend verbrannt werden sollten, den er aber selbst ausprobieren musste.

S. 123/30 *taub:* leer (vgl. „eine taube Nuss")

S. 128/29 *über alle Häuser hinausgeworfen:* (schwäb.) geleugnet, darüber gespottet

S. 130/17 *Er hat das Prävenire gespielt:* er war schneller als wir, ist uns zuvorgekommen

S. 131/25 vgl. Lukas-Evangelium, 15,21: *Vater, ich habe gesündigt [...], ich bin hinfort nicht mehr wert, daß ich <u>dein Sohn</u> heiße.* (Wechsel der Person!, Unterstreichung vom Autor)

S. 135/30 *ich poche dem Tyrannen Verhängnis:* ich stelle mich gegen das Schicksal, diesen Tyrannen

Ausführliche Wort- und Sacherklärungen finden Sie in Reclams Erläuterungen (s. S. 39), S. 3–75, und im Anhang der Reclam-Ausgabe der »Räuber«.

Inter-
pretation

Sie haben sicher schon erfahren, dass man Literatur auf verschiedene Arten interpretieren kann –

✔ formal-ästhetisch,
✔ zeitbezogen,
✔ inhaltlich-philosophisch –

und in der Schule kann es sehr von Nutzen sein, wenn man weiß, welchen Interpretationsansatz der Lehrer (die Lehrerin) bevorzugt … Gute Lehrer(innen) lassen allerdings jede Interpretation gelten, solange sie aus dem Text zu belegen ist!

Ein Stück aus dem Bauch …

»Die Räuber« haben seit der Uraufführung immer wieder höchst unterschiedliche Interpretationen erdulden müssen – und sicher nicht ohne Grund, denn der aufmüpfige junge Schiller wusste ja selbst noch gar nicht so genau, was er eigentlich wollte: Zwar geht es auch hier wie beim späteren „klassischen" Schiller um einen Konflikt zwischen dem Einzelmenschen und der Weltordnung, aber das Stück ist noch längst nicht so vom Kopf bestimmt wie die späteren – es kommt noch mehr „aus dem Bauch", und es steckt noch viel persönliches Erleben darin, Wut und Empörung eines leidenschaftlichen jungen Mannes über

✔ die Unterdrückung der persönlichen Freiheit,
✔ die Ungerechtigkeit in der Welt,
✔ den Missbrauch der Macht und
✔ das Spießbürgertum,

andererseits aber auch das tiefe Erlebnis der Freundschaft, die sich auch und gerade in einer so fragwürdigen Welt bewährt.

Es ist ein Stück der großen Gefühle, geschrieben von einem, der wie im Rausch schreiben musste, getrieben von einem explosiven Freiheitsbedürfnis. Aber es sind nicht die schwärmerisch-tränenreichen Gefühle der Empfindsamkeit – davon ist nur bei Amalia etwas übrig geblieben – sondern Gefühle als Elementarkraft. Andererseits darf man nicht übersehen, dass es dem jungen Schiller schon gelungen ist, in seinen zwei Hauptgestalten das, was ihn so sehr bewegte, verhältnismäßig distanziert und objektiv zu verarbeiten.

... und aus „Lesefrüchten"

Daneben aber ist auch viel von dem in die »Räuber« eingeflossen, was Schiller während seines Studiums gelesen hat – oft heimlich nachts im Studierzimmer, unter einem medizinischen Lehrwerk verborgen, falls einmal eine Kontrolle kam. (Schiller gehörte ja einem „Poetischen Oppositions-Club" an, und seine Lektüre galt als unerwünscht ...)

Und so spukt also **Klopstock** durch Amalias Herzensergüsse, hört man immer wieder **Shakespeare** (den Autor, dem die Dichter des Sturm und Drang am meisten verdanken), findet man zahllose **Bibel**-Verweise und Anklänge an **Rousseau**, an **Goethes** »Götz von Berlichingen«, an Leisewitz' »Julius von Tarent« und die ganze Mannschaft des **Sturm und Drang**.

Natürlich fällt es da schwer, eine einheitliche Interpretation für diese Mischung aus Freiheitsdurst und christlicher Moral, Räuberromantik und Freundschaftsschwärmerei sowie Lesefrüchten von der Bibel über Shakespeare zu Leisewitz zu finden ...

Interpretationsmöglichkeiten

Wir haben eingangs von den unterschiedlichen Interpretationsansätzen gesprochen, mit denen man ein literarisches Werk erschließen kann.

Eine rein **formal-ästhetische Interpretation**, die alles aus der Form, der Art der Gestaltung des Stoffs, zu deuten versucht, würde bei den »Räubern« zu viele wesentliche Aspekte unberücksichtigt lassen.

Wie sieht es aber mit einem **zeitbezogenen Ansatz** aus?

Es ist keine Frage, dass die Verhältnisse, in denen der junge Schiller aufgewachsen ist, entscheidenden Einfluss auf die Entstehung und den Handlungsverlauf der »Räuber« hatten: die dunkle Zwangsanstalt der Akademie mit ihrem militärischen Drill, den täglichen Strafen, der erzwungenen Heuchelei gegenüber dem tyrannischen Herzog, der nichts von Dichtung versteht – und dagegen der junge, feurige Dichter, der die Freiheit durch seine Adern rollen fühlt und daraufhin jeder Ordnung den Kampf ansagt und zu einem ungezügelten Räuberleben auffordert – das war die Atmosphäre, in der eine – wenn auch nur literarische – Revolution gedeihen konnte. Die Empörung über den Entzug der Freiheit war es wohl vor allem, die Schiller in das mitreißende Pathos hineintrieb, das wir in dieser jugendlichen Kraft und Bilderfülle in keinem anderen seiner Dramen mehr finden.

Man kann den Schwerpunkt bei der Interpretation der »Räuber« allerdings auch auf die **theologisch-philosophischen Probleme** legen, die Schiller hier verarbeitet hat – schließlich haben ihn Theologie und Psychologie ja von seiner Kindheit an beschäftigt (s. S. 20), und nicht zufällig ist das Stück auch eine Auseinandersetzung mit zwei unterschiedlichen Weltanschauungen und mit Religion und Moral. Wir werden auf diesen Interpretationschwerpunkt später auch noch eingehen (s. S. 52 ff.), wenden uns aber zunächst der (gesellschafts)politischen Dimension dieses Dramas zu.

»Die Räuber« – ein Freiheitsdrama?

Die »Räuber« sind, wie wir schon gesehen haben, von der Thematik her keine Einzelerscheinung: Räuber-Romane waren zu dieser Zeit massenhaft verbreitet, man kannte **Robin Hood**, und **der „edle Räuber" war eine Lieblingsfigur der Zeit**: In ihm waren die Wünsche der Menschen verkörpert, die Sehnsucht des Bürgers, der sich zähneknirschend einer Ordnung fügt, nach Abenteuern, Heldentum und einer gerechten Welt. – Der Räuber rebellierte gegen eine verknöcherte Gesellschaft, gegen die *feige Schurkerei*[1] (so nannte man damals alles, was in Staat und Gesellschaft eine höhere Stellung einnahm), er war ein Individualist, ein „Kerl", er kämpfte gegen die Tyrannen und half den Armen, mit einem Wort: Er war **ganz und gar „Freiheit"**.

Und so fanden viele ihre heimlichen Wünsche in Karl Moor verkörpert und empfanden die »Räuber« als ein Freiheitsdrama: Nicht zufällig ließ Schillers Verleger auf dem Titelblatt der 2. Auflage die Inschrift *in tirannos* (gegen die Tyrannen) anbringen!

Der böse und der gute Herrscher

Freiheit aber bedeutet für Schiller **keinen Umsturz der herrschenden politischen Verhältnisse im Sinne einer republikanischen Revolution.** Sicher, Karl träumt davon, *aus Deutschland [...] eine Republik* zu machen, *gegen die Rom und Sparta Nonnenklöster sein sollen* (S. 20/33 f.), aber dieser Gedanke wird nicht weiter verfolgt, denn im Grunde orientiert sich Karl am Ideal des aufgeklärten „guten Herrschers", wie es seinem Vater vorschwebte (der freilich nicht das nötige menschliche Format hat, um diese Rolle auszufüllen). Und auch wenn Franz diese Einstellung verhöhnt (*Mein Vater überzuckerte seine Forderungen*, S. 54/26–28), so werden selbst aus seinem Spott noch die Ideale des Vaters sichtbar. Genauso wünschte der alte Moor

---

1 zit. nach: A. F. C. Vilmar, Geschichte der Deutschen National-Litteratur. Marburg und Leipzig [23]1890, S. 421

sich seinen Karl, und wenn dieser vom *Hinausschieben unvollendeter Plane* (S. 111/11 f.) spricht, meint er diese Zukunftsvorstellungen des Vaters, die auch seinen eigenen entsprachen: *[…] da liegen die Trümmer deiner Entwürfe! Hier solltest du wandeln dereinst, ein großer, stattlicher, gepriesener Mann, [...] der Abgott deines Volkes [...]* (S. 89/27–31).

Das Gegenbild – den schrecklichen Gewaltherrscher – entwirft Franz in dem Moment, als er den Vater tot glaubt (S. 54/23–35): *Weg dann mit dieser lästigen Larve von Sanftmut und Tugend! […] Ich will euch die zackigte Sporen ins Fleisch hauen, und die scharfe Geißel versuchen.*

Schiller hat dieses Porträt eines Gewaltherrschers als *Karrikatur* bezeichnet, die dem Zuschauer das Lasterhafte besonders deutlich machen solle[1] – und obwohl der Monolog natürlich auch eine harsche Fürstenkritik ist, so dient er doch vor allem dazu, Franz zu charakterisieren, dem Zuschauer einen Einblick *in die innere Wirtschaft des Lasters*[2] zu geben.

Die klarsten politischen Aussagen des Stücks finden sich somit auch gar nicht hier, sondern an anderen Stellen:

• Zum einen in der **Kosinsky-Geschichte** (III, 2) – sie spiegelt nicht nur das Schicksal des verstoßenen und in der Liebe gescheiterten Karl wider, sondern enthält auch (in der Thematik ähnlich wie **Lessings** »Emilia Galotti«) eine scharfe Kritik am Hof: Durch eine schmutzige Hofintrige wird das bürgerliche Mädchen Amalia ins Gefängnis gebracht und zur Mätresse gemacht, während ihr Liebhaber finanziell ruiniert wird. Als er sich den Räubern anschließen will, ist er „frei" für die Rache und bereit, mit Männern zu leben, *die dem Tod ins Gesicht sehen [...], die Freiheit höher schätzen als Ehre und Leben, deren bloßer Name, willkommen dem Armen und Unterdrückten, die*

---

1 vgl. die Vorrede zur 1. Auflage und die unterdrückte Vorrede. – Man muss sich darüber im Klaren sein, dass der Graf von Moor nicht einfach Familienoberhaupt ist, sondern ein regierender Fürst!
2 Schiller, »Der Verfasser an das Publikum«. Theaterzettel zur Uraufführung. In: Reclams Erläuterungen (s. S. 39), S. 152

Beherztesten feig und Tyrannen bleich macht (S. 83/33–38). Dieses Drama im Drama nimmt eindeutig Stellung gegen die absolutistischen Fürsten und für die Bürgerrechte.

• Zum anderen bezieht Schiller politisch Stellung in der **Auseinandersetzung Karl Moors mit dem geifernden Pater** (II, 3), dem Abgesandten der korrupten *hohen Obrigkeit* (S. 69/37), der beauftragt ist, Karl den Behörden zu überbringen, damit die Todesstrafe in liebevoll-milder Form an ihm vollstreckt werden kann (*die Gerechtigkeit […] läßt es – denk doch! […] – bei dem Rade bewenden* (S. 71/9 ff.).

In seiner Antwort auf die Beschimpfungen des Paters legt Karl die Motive seines Handelns dar: Er möchte das Land säubern

✔ von korrupten Ministern (S. 71/40–S. 72/5) und hohen Beamten (S. 72/5–8),

✔ von gefühllosen Pfaffen, die auf offener Kanzel weinen, *daß die Inquisition*, diese gnadenlose Verfolgung und Folterung angeblicher Ketzer, *so in Zerfall käme* (S. 72/10 f.),

✔ von dem scheinheiligen Christen, *der die hundert Augen des Argus hat, Flecken an seinem Bruder zu spähen* (S. 72/20 f.), aber blind ist gegen sich selbst,

✔ von den Predigern der Nächstenliebe, die *den achtzigjährigen Blinden von ihren Türen hinweg* (S. 72/25 f.) fluchen, gegen den Geiz wettern, aber Peru um seiner Reichtümer willen entvölkert und die Menschen wie Vieh behandelt haben.

Stolz bekennt er, dass er eines Tages seine Verbrechen *im Schuldbuch des Himmels lesen* werde: *mein Handwerk ist Wiedervergeltung – Rache ist mein Gewerbe* (S. 73/13–16).

Karl Moor wäre also ein wahrer Sturm-und-Drang-Held, wenn er so wäre, wie Schiller ihn in seiner Selbstrezension selbst gedeutet hat: *den großen Mann vollendet ein unersättlicher Durst nach Verbesserung und eine rastlose Tätigkeit des Geists*[1].

---

1 Selbstrezension (s. S. 17), S. 161

Aber **Karl Moor** ist nicht so: **Er handelt nicht im praktischen Leben** – ob im Schloss oder in den böhmischen Wäldern, die Auseinandersetzung findet **nicht in der politischen Realität statt, sondern in einer erfundenen Wirklichkeit.**

> Während andere Sturm-und-Drang-Stücke, wie etwa die von Lenz, sich an der Lebenspraxis orientieren, finden **bei Schiller geistige Auseinandersetzungen** statt.

Karls Revolte richtet sich nicht gegen die Staatsform der Monarchie, nicht gegen die Fürsten, auch nicht gegen die Kirche an sich, sondern allenfalls gegen ihre erbärmlichen Vertreter.

Karl stellt sich zwar gegen die irdische Ordnung, aber eigentlich nur, um innerhalb dieser Ordnung das zu vernichten, was unmenschlich ist. Seine Sehnsucht geht zurück in eine **goldene Zeit**, in der Herrscher gerecht sind und in der Vollkommenheit und Glückseligkeit herrschen; aber diese schönen Träume zerplatzen vor der bösen Tat. Wie Lebensträume durch die Realität zerstört werden, ist eines der Hauptthemen des Stücks (vgl. S. 45).

Karls Heimkehr steht im Zeichen solcher Träume: Zwar hat er kein klares Ziel mehr vor Augen (vgl. S. 111/7), aber er schließt an die *goldenen Träume* (S. 11/34) des Vaters an, wenn er in seinem großen Monolog (IV, 5) von seinem Hunger nach Glück spricht, vom *Ideal einer unerreichten Vollkommenheit*, vom *Hinausschieben unvollendeter Pläne* (S. 111/10–12). Da dieses goldene Ideal nicht mehr zu verwirklichen ist, träumt er sich zurück in die Kindheit (S. 89/25–32).

Ueber die verfluchte Ungleichheit in der Welt!

Im krassen Gegensatz zu dem Traumbild vom aufgeklärten guten Herrscher steht die konkrete politische Realität, die Schiller selbst erfahren musste und die in der ersten Fassung der »Räuber« so unmissverständlich angegriffen wird, dass der

48

Autor für die Aufführung ein großes Stück, den so genannten „Bogen B", wohl aus Angst vor der eigenen Kühnheit, selbst zurückzog. Hier ist tatsächlich ein republikanischer Geist (s. S. 45) spürbar, und selbst sozialistische Gedanken lassen sich erkennen:

> *Ueber die verfluchte Ungleichheit in der Welt! Das Geld verrostet in den Kisten ausgedörrter Pickelhäringe und Mangel muß Bley an die kühnsten Begierden des Jünglings legen. Kerls, die zehnmal krepiren, eh sie ihre Thaler auszählen, trippelten mir das Haus ab, ein paar elende Schulden einzutreiben – [...]*
> *Warum sind Despoten da? Warum sollen sich tausende, und wieder tausende unter die Laune Eines Magens krümmen, und von seinen Blähungen abhängen? – Das Gesetz bringt es so mit sich – Fluch über das Gesetz, das zum Schneckengang verderbt was Adlerflug worden wäre!* (I, 2)[1]

Karl Moor, ein Terrorist des 18. Jahrhunderts?

Trotz dieser starken Töne, vor denen Schiller wohl selbst erschrak, sind »Die Räuber« zwar sicher ein Freiheitsdrama, aber im Ganzen kein Drama der Revolution – dafür ist Karl Moors „Aufstand" zu sehr individuell motiviert. Sie behandeln aber eine zentrale politische Frage: die **Frage nach der Berechtigung von politischem Widerstand**.

Von seiner Ausgangsposition aus könnte man Karl Moor in die Nähe der modernen Terroristen der RAF oder der (irischen) IRA rücken: Die Welt, wie er sie sieht, ist nicht gut, also meint er, sie mit Gewalt verändern zu müssen. Aber schon bald erkennt er seinen Irrweg – zuerst in dem Augenblick, als ihm bewusst wird, was einige aus seiner Bande – die verwilderten Kriminellen wie Schufterle – anrichten (II, 3):

---

1 die ursprüngliche Szene I, 2, zit. nach: Reclams Erläuterungen (s. S. 39), S. 79

> *O pfui über den Kindermord! den Weibermord! – den*
> *Krankenmord! Wie beugt mich diese Tat! Sie hat meine*
> *schönsten Werke vergiftet […] – geh, geh! du bist der*
> *Mann nicht, das Racheschwert der obern Tribunale zu*
> *regieren, du erlagst bei dem ersten Griff […].*
> (S. 67/15–23)

Karl Moor glaubt zwar zunächst, politisch zu handeln, indem er die Ungerechtigkeit in der Welt bekämpft:

> *Er mordet nicht um des Raubes willen,* sagt Razman
> über seinen Hauptmann, *selbst sein Dritteil an der*
> *Beute, das ihn von Rechts wegen trifft, verschenkt er an*
> *Waisenkinder, oder läßt damit arme Jungen von Hoff-*
> *nung studieren. Aber soll er dir einen Landjunker*
> *schröpfen, der seine Bauren wie das Vieh abschindet*
> *[…] oder sonst ein Herrchen von dem Gelichter – Kerl!*
> *da ist er dir in seinem Element.* (S. 60/10–20)

Im Grunde aber ist er gar nicht der Aufrührer und Empörer, der Revolutionär, der sich letzten Endes selbst die Gesetze gibt (so wie es Goethes Prometheus getan hat); seine **Rebellion ist eben nur zum Teil politisch motiviert, vor allem aber menschlich:** Aus dem gestörten Vater-Verhältnis schließt er auf den chaotischen Zustand der ganzen Welt:

> *Ist das Vatertreue? Ist das Liebe für Liebe? […]*
> *M ö r d e r, R ä u b e r! – mit diesem Wort war das Ge-*
> *setz unter meine Füße gerollt – Menschen haben*
> *Menschheit vor mir verborgen, da ich an Menschheit*
> *appellierte, weg dann von mir Sympathie und mensch-*
> *liche Schonung! – Ich habe keinen Vater mehr, ich*
> *habe keine Liebe mehr […]!*
> (S. 31/33 f. und S. 33/4–8)

Auf der anderen Seite ist Franz' Verbrechen am Vater für Karl der Beweis dafür, dass die Weltordnung zerstört ist: *Die Gesetze der Welt sind Würfelspiel worden, das Band der Natur ist entzwei* (S. 116/14 f.).

Karl muss am Ende einsehen – und das unterscheidet ihn grundsätzlich von den meisten modernen Terroristen –, dass er mit seinem **Versuch, die Welt mit Gewalt zu verändern, gescheitert** ist: Er erkennt die moralischen Gesetze an.

Für den verhinderten jungen Revolutionär Schiller orientiert sich das Leben trotz aller Wut auf die ungerechte Welt an einer göttlichen Weltordnung, deren Ausdruck die irdischen Gesetze sind, und so wird Karl zum Sprachrohr dieser moralischen Grundhaltung:

> *O über mich Narren, der ich wähnete die Welt durch Greuel zu verschönern, und die Gesetze durch Gesetzlosigkeit aufrecht zu halten [...] – da steh ich am Rand eines entsetzlichen Lebens, und erfahre nun mit Zähnklappern und Heulen, daß z w e i M e n s c h e n w i e i c h d e n g a n z e n B a u d e r s i t t l i c h e n W e l t z u g r u n d r i c h t e n w ü r d e n.* (S. 138/31–40)

Das eigentliche Anliegen Schillers in den »Räubern« ist also trotz seiner revolutionären Anklänge eher **konservativ:**

Die sittliche Weltordnung muss auch der noch anerkennen, der sich an ihr vergeht – Karl in freier Erkenntnis, Franz als Opfer eines Gewissens, dessen Existenz er doch immer geleugnet hat.

Eine solche Anschauungsweise setzt voraus, dass der Autor die Macht einer Weltordnung erfahren und akzeptiert hat. Der Teenager Fritz Schiller erkannte die Autorität seines strengen Vaters an, weil diese Autorität für ihn von Gott gegeben und damit das Kennzeichen einer geordneten Welt war. Der Student Friedrich Schiller aber rebellierte gegen die Autorität des tyrannischen Herzogs, der die von Gott gegebene Macht missbrauchte; aber noch in dieser Rebellion scheint immer die Einsicht durch, dass es ohne eine Ordnung nicht geht.

Es hat auch in den letzten Jahrzehnten Inszenierungen der »Räuber« gegeben, in denen das politische, gesellschaftskritische Element im Vordergrund stand (z. B. durch Hans-Günter Heyme in Stuttgart und Essen oder Egon Monk in Hamburg), aber vor allem seit der eingehenden Schiller-Interpretation von Benno von Wiese (s. S. 39) wird die politische *in tirannos*-Interpretation zunehmend um **psychologische und theologische Fragestellungen** erweitert.

Die Doppeltragödie von den beiden ungleichen Brüdern

Das Stück beginnt ganz traditionell als Familiendrama – und dessen Aufgabe, den Zuschauer zu rühren und ihm eine Vorstellung von Tugend und wahrer Menschlichkeit zu vermitteln, ist auch hier erfüllt. Wenn Karl (in IV, 1) seine *Vaterlandserde* küsst, von den *Fluren und Hügel[n] und Ströme[n] und Wälder[n]* schwärmt und das väterliche Schloss als *heiligen Tempel* (S. 89/10–17) bezeichnet, dann wird etwas deutlich von der Geborgenheit im häuslichen Leben, die das bürgerliche Drama seit Lessing dem korrupten Hofleben entgegengesetzt hat. Und wenn der zurückgekehrte Räuber sich seinen Empfindungen für den Vater und die Geliebte hingibt (S. 133/4–20; S. 135/38–S. 136/7) so wird auch der Zuschauer „weichmütig". Gegen diese Familienidylle aber setzt Schiller den Intriganten, der durch und durch böse ist. Aus der doppelten Exposition entwickelt er nun eine Doppeltragödie – aber nicht als Drama von zwei Menschen, die gegeneinander kämpfen und aneinander zugrunde gehen, sondern als Darstellung der nur lose miteinander verbundenen Schicksale zweier Einzelmenschen, die ihr Verderben jeweils ohne großes Zutun des anderen heraufbeschwören:

– Franz' Intrige ist zwar Auslöser für **Karls** Räubertum, aber die Bande entwickelt ihr Eigenleben, und wie wenig Karl noch die Fäden in der Hand hat, zeigt der Schluss, als er Amalia tötet, weil ihn sein eigener Schwur gegenüber der Bande dazu verpflichtet. Als er von den Machenschaften seines Bruders erfährt (IV, 3), schreit er zwar auf, rennt wütend gegen die Wand und schimpft (S. 101/15–30), aber merkwürdigerweise fällt ihm dann nichts Besseres ein, als zur Bande zurückzukehren und Franz das Feld zu überlassen: *Ernte die Früchte deiner Untat in Ruhe, meine Gegenwart soll dir den Genuß nicht länger vergällen* (S. 102/5–7). Erst als er von dem Verbrechen am Vater erfährt, beschließt er, Franz zu bestrafen.

– **Franz** seinerseits sieht zwar Karl immer als ferne Bedrohung an, aber alle seine Handlungen sind Aktion, nicht Reaktion auf Karl. Das einigende Band für die beiden ist nur derjenige, dem ihre sehr unterschiedlichen Gefühle gelten: der **Vater**.

Warum ist **Franz**, dieser konsequente Rebell gegen den Vater, *aufgewachsen im Kreis einer friedlichen, schuldlosen Familie*[1], so böse? Schiller folgt mit dieser Gestalt konsequent der psychologischen Theorie seines Lehrers **Abel** (s. S. 20). Größe ist für Abel ein absoluter Begriff, der sich der moralischen Wertung entzieht – ob einer groß und gut oder groß und böse wird, hängt von den Lebensumständen ab, und die sind für Franz denkbar ungünstig: *(kein Erbe ...)*

Da (nach Abel) alle Kräfte der Seele und alle Ideen vom Körper abhängen, seiner Gestalt oder Missgestalt, konnte der hässliche Franz nur böse werden (wie übrigens auch der „Sonnenwirt" im »Verbrecher aus verlorener Ehre«, s. S. 38).

Abel glaubte, aus einer unregelmäßigen Nasenform, einer eigenartigen Augenfarbe schon den schlechten Charakter ablesen zu können. Mit dieser beängstigenden Lehre steht er leider nicht allein: Wir finden sie in der »Physiognomik« von Johann Caspar **Lavater** und bei Carl Gustav **Carus**, beide übrigens Freunde Goethes …, bei **Darwin** und in ihrer perversesten Form in der Rassenideologie der Nationalsozialisten. Bei Abel aber entsprach sie einer im Ganzen **materialistischen Auffassung** vom Menschen: Der Körper wirkt unmittelbar auf die Seele ein, deren mechanische Gesetzmäßigkeiten erforscht,

---

1 Selbstrezension (s. S. 17), S. 164

vorausgesehen und berechnet werden können. Ziel dieser Berechnung ist es, das eigene Verhalten mit dem des anderen in Übereinstimmung zu bringen und so den leichtesten Zugang zum Glück zu finden.

Franz denkt diese Lehre konsequent zu Ende: Er will **die Seelenmechanik benutzen, um Macht zu erwerben**, und dabei hindert ihn keine Moral: getrieben von der bitteren Erkenntnis des Benachteiligten, des Zweitgeborenen und Hässlichen (*Wirklich, ich glaube, sie [die Natur] hat von allen Menschensorten das Scheußliche auf einen Haufen geworfen und mich daraus gebacken, S. 16/36–38*) hat er seine eigene, ausschließlich auf der Vernunft beruhende Philosophie aufgestellt, die er in seinem großen Monolog I, 1 (S. 16/12–S. 18/40) vorstellt. Für ihn gibt es keine familiären, keine Gefühlsbindungen:

> *Das ist dein Bruder! – das ist verdolmetscht: Er ist aus eben dem Ofen geschossen worden, aus dem du geschossen bist – [...] es ist dein Vater! [...] – also sei er dir heilig. [...] Wo stickt denn nun das Heilige? Etwa im Aktus selber, durch den ich entstund? – Als wenn dieser etwas mehr wäre als viehischer Prozeß zur Stillung viehischer Begierden! (S. 18/1–26)*

Die Konsequenz aus dieser materialistischen Logik erfahren wir später (in IV, 2): Der Mensch ist Morast.

Franz ist, so sieht es auch Schiller selbst, ein **Produkt der Aufklärung**, seine logische Beweisführung ist *das Resultat eines aufgeklärten Denkens und liberalen Studiums*[1]. Seinen **aufgeklärten Materialismus** verbindet er aber mit einem **schrankenlosen Machtstreben** und sieht seine Aufgabe darin, alle Bindungen vom Verstand her zu zersetzen. Ethische Werte lösen sich in Praktiken auf, die der „Gescheite" zu seinen Zwecken benutzt.

Hauptziel seiner Angriffe ist die Macht des Blutes, der familiären Bindung. Folgerichtig wertet er diese Art von Bindung ab bis zur Zeugung, die er ausschließlich als Triebbefriedigung

---

1 Selbstrezension (s. S. 17), S. 164

sieht. Übrig bleibt in dieser völlig bindungslosen Welt nur noch der Einzelne und sein Erfindungsgeist, den er ganz seinem Willen zur Macht unterordnet.

Franz will die Materie geistig erfassen, beherrschen, die Natur überwinden: Als ihm der Tod seines Vaters, dieses *ärgerlichen zähen Klumpen Fleisch[es]* (S. 40/6 f.), nicht schnell genug geht, will er sich nicht damit abfinden, dass sich sein *hochfliegender Geist an den Schneckengang der Materie ketten lassen* soll (S. 40/11–13), und so ruft er sich noch einmal ins Gedächtnis, *wie treffend die Stimmungen des Geists mit den Bewegungen der Maschine zusammenlauten* (S. 40/23–25). Sein *Originalwerk* soll es sein, *den Körper vom Geist aus zu verderben* (S. 40/30 f.). Seine teuflische Absicht ist es, die seelisch-körperliche Harmonie der Welt zu zerstören.

Schiller hat in **Franz** eine höchst moderne Gestalt auf die Bühne gebracht: **einen Nihilisten, einen Leugner aller Werte**, dessen selbstherrlicher Intellekt Urheber seiner totalen Menschenverachtung ist. Der Denker Franz zerstückelt mithilfe seines Verstandes seine Mit- und Umwelt so lange, bis deren Ideale vor seinem schrankenlosen Machtanspruch vergehen.

Wer es einmal so weit gebracht, sagt Schiller in der Vorrede zu den »Räubern«, [...] *seinen Verstand auf Unkosten seines Herzens zu verfeinern, dem ist das Heiligste nicht heilig mehr – dem ist die Menschheit, die Gottheit nichts. Beide Welten sind nichts in seinen Augen.* (S. 4/5–10)

Dass Franz sich am Ende selbst vernichtet, eingeholt von dem Gewissen, das er immer geleugnet hat, getrieben von einem mit ungeheurem Pathos und in gewaltigen Bildern geschilderten Traum vom Jüngsten Gericht, kann man als Absage Schillers an diese seelenlose materialistische Philosophie deuten.

Schiller gibt hier durch **Franz** die **radikale Lehre der materialistischen Aufklärung** wieder, die sich gegen jede religiöse oder philosophische Idee von der Freiheit und Geistigkeit des Menschen wendet. Dadurch, dass die **Negativ-Figur Franz** diese Lehre verkündet, wird sie als falsch entlarvt. Franz, der intellektuell rebelliert (im Gegensatz zu Karl, dem Rebellen aus Herz und Gewissen), ist damit der eigentliche Revolutionär.

Wenn Franz sagt: *Jeder hat gleiches Recht zum Größten und Kleinsten [...]. Das Recht wohnt beim Überwältiger, und die Schranken unserer Kraft sind unsere Gesetze* (S. 17/9–12), so zieht er eine erschreckende Konsequenz aus der idealistischen Philosophie von der Freiheit, Gleichheit und Brüderlichkeit und lässt uns die Angst spüren vor der **Entfesselung der Vernunft**, die jeden Glauben und jeden Wert zerstört – eine Angst, die in unserer Zeit noch viel unmittelbarer ist als damals.

Schiller steht dieser Art von Revolution fern: Da die intellektuelle Rechtfertigung des Egoismus und der Gewaltherrschaft dem bösartigen Verbrecher Franz unterstellt wird, wird sie gleichzeitig entschärft und die moralisch gerechtfertigte, vom Zuschauer nachvollziehbare Rebellion bleibt den Räubern und ihrem edlen Führer Karl überlassen – sie faszinieren den Bürger, der sich aus seinem Alltagstrott heraussehnt, und in der begeisterten Darstellung der Ausgestoßenen sind die unterdrückten Fantasien des verhinderten Revolutionärs Schiller von der großen Revolte gegen die bestehende Ordnung verborgen; in Karls Kehrtwendung am Schluss triumphiert die heimlich bekämpfte Ordnung doch noch – ob Schiller diesen Schluss aus Einsicht gewählt hat, ob der väterliche Einfluss noch zu stark war oder ob er einfach Angst vor der eigenen Courage hatte, bleibt dem einzelnen Leser und Zuschauer überlassen.

Beide Brüder erheben sich gegen das Prinzip der Vaterautorität, das der alte Moor trotz seiner Schwächlichkeit verkörpert. Ihre Versuche scheitern, weil ein Aufstand gegen die soziale Ordnung, vor allem gegen die Familienordnung, ein Aufstand gegen die göttliche Ordnung ist. Sie scheitern aber auch in ihren Versuchen, eine neue Ordnung zu begründen: Karl, weil die Räuberbande überwiegend aus Kriminellen besteht (allen voran Spiegelberg), die sich gerade an den Unterdrückten und Unschuldigen vergreifen, denen sie beistehen sollten (s. S. 49 f.: *Kindermord ...*); Franz, weil seine vom kalten Intellekt beherrschte Menschenverachtung keine Basis für eine Herrschaft sein kann.

Wie begrenzt Schillers Opposition gegen das herrschende System ist, zeigt sich in Karls Einsicht, dass Gott allein für die Bestrafung des in der Welt vorhandenen Unrechts zuständig ist. Gesetze können nicht durch Gesetzlosigkeit verändert werden, die Republik ist nicht die Alternative zur Herrschaft des aufgeklärten „guten Herrschers", und eine Vernunft ohne Moral und ohne Herz führt in den Abgrund. Falsche Leidenschaften, schreibt Schiller selbst, *mußten sich natürlicherweise an bürgerlichen Verhältnissen zerschlagen [...], so war der seltsame Don Quixote fertig, den wir im Räuber Moor verabscheuen und lieben, bewundern und bedauern* (Vorrede, S. 4/28–33).

Aufgaben mit Lösungstipps

Natürlich können wir nicht vorhersehen, was für Klausurthemen man Ihnen stellen wird. Es gibt aber erfahrungsgemäß ein paar Themen und Motivkreise, die sich besonders für Klausuren eignen. Einige stellen wir Ihnen hier vor und geben Ihnen im Anschluss Hinweise für die Lösung.

1. Die wahrscheinlich am häufigsten gestellte Aufgabe ist die **vergleichende Charakteristik von Karl und Franz Moor**.

✔ Konfliktfelder im Schauspiel

Gewissen (Karl) gegen materialistische Menschenkunde (Franz), Gegensatz Körper – Geist; Manipulation des Räderwerks der Seele gegen Gewissensverantwortung; zerstörende Begierden können über die Moral siegen

✔ Gemeinsames

– beide revoltieren gegen die Autorität (verkörpert durch den Vater);
– beide streben nach totaler Freiheit;
– beide sind im Selbstverständnis des Sturm und Drang genial;
– beide scheitern.

✔ Unterschiede

Karl: Idealist → beleidigtes maßloses **Gefühl**, Rebellion in einem (allerdings fiktiven) **öffentlich-politischen Raum**

Franz: Materialist → ganz auf sich gestellter, maßloser **Verstand** – Rebellion im **privat-familiären Bereich**

Karl: Erstgeborener, vielversprechend, vom Vater immer bevorzugt, warmherzig und edel, Liebe zum Vater, Liebe zu Amalia, Ideal der Freundschaft, Einsicht in sein Fehlverhalten, Anerkennung der göttlichen Gesetze am Schluss: Verzicht auf die Revolution

Franz: Zweitgeborener, außerordentlich intelligent, aber hässlich und vom Vater vernachlässigt, deshalb gefühllos und böse; zerstört als Intrigant Freundschaften und Bindungen; verachtet den Vater. Machttrieb erstreckt sich auch auf Amalia; keine Einsicht, bis zuletzt trotz seiner religiös motivierten Schreckensvisionen konsequenter Leugner der göttlichen Macht: der eigentliche Rebell und als der von Anfang an Benachteiligte – eine tragische Figur

✔ **Belegstellen für Karl**

– vor allem I, 2 (S. 19–20; S. 31/16 bis Szenenende); II, 3 (Razmann über Moor: S. 60/10–S. 61/11; S. 62/10–13): edler Räuber
– der Bericht über Rollers Befreiung (S. 63/28–S. 65/14; S. 66/7–10) als Beweis dafür, was Karl unter Freundschaft versteht
– Karls Vorstellung vom „edlen Räuber" in II, 3 (S. 67/10–12)
– Karls Motivationskunst, seine Qualitäten als Anführer (II, 3: S. 68/28–S. 69/27)
– Karls Einstellung zur Kirche im Gespräch mit dem Pater (II, 3); dort auch Belege für seine Kraft und seinen Mut
– Karls Resignation und Melancholie: III, 2 – vor allem S. 80/26–38 und S. 81/33–S. 82/26 sowie IV, 5 (S. 111/5–S. 112/21)
– Karls Liebe zum Vater (I, 2: S. 32/14–16 und V, 2)
– Karls Einsicht (V, 2)

✔ **Belegstellen für Franz**

– I, 1, vor allem S. 16/29–S. 18/40: Zweitgeborener, Hässlichkeit, Bewusstsein seiner Intelligenz, Freiheit des Einzelmenschen, Abwertung aller Werte (S. 17/13–31 und

S. 17/38–S. 18/33), Zynismus, Herrschsucht (auch in II,2 und IV, 2)
- I, 3: heuchlerischer Verführer, berechnender Lügner und Verleumder (S. 35/31–S. 36/40)
- II, 1: Darstellung seiner psychologischen Erkenntnisse: Erkennen und Manipulieren der seelischen Mechanismen; Möglichkeit, den Körper durch den Geist zu zerstören
- II, 2: nackte Herrschsucht, Sadismus
- III,1: nicht Liebe zu Amalia, sondern nur sexuelle Gier; Lust zu quälen (S. 78/4–14 und S. 17/34)
- IV, 2: Hass auf Karl (S. 92/31–S. 93/5); Erkenntnis seiner eigenen Untaten, aber ohne jede Reue (S. 92/40–S. 93/3); Brutalität (S. 93/31–35 und die gesamte Daniel-Szene)
- V, 1: Gewissensqualen, aber keine Reue; Frage nach der Existenz Gottes, schließlich Wahnsinn (S. 130/5), aber Weigerung, Gott anzuerkennen (S. 129/30–33): bleibt seiner Grundauffassung treu

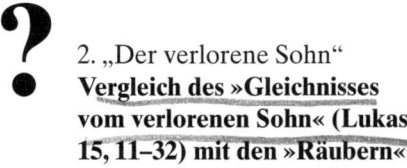

2. „Der verlorene Sohn"
Vergleich des »Gleichnisses vom verlorenen Sohn« (Lukas 15, 11–32) mit den »Räubern«[1]

Begründung der Aufgabe

Schiller wollte sein Stück ursprünglich »Der verlorene Sohn« nennen. Erster Hinweis S. 21/21 f.: Spiegelberg: *Pfui, du wirst doch nicht gar den verlorenen Sohn spielen wollen!*

---

1 Idee und Struktur des Klausurvorschlags nach: Werner Winkler, Deutsch im Leistungs- und Grundkurs, Band 2. Freising (Stark) 1986, S. 81

Vergleich

Welcher Sohn geht weg? Lukas: der jüngere – Schiller: der ältere

Was für ein Leben führt er? Lukas: *[…] und daselbst brachte er sein Gut um mit Prassen* (15,13) – Schiller: *Ich soll meinen Leib pressen in eine Schnürbrust* (S. 20/24 ff.): Freiheitsdrang, aber auch „Lotterleben" in Leipzig

Warum will der Sohn zurückkommen? Lukas: *Da <u>schlug er in sich</u> und sprach: […] Ich will mich aufmachen und zu meinem Vater […] sagen: Vater, ich habe gesündigt gegen den Himmel und vor dir.* (15, 17–18; Unterstreichungen vom Autor) – Schiller: *Schon vorige Woche hab ich meinem Vater <u>um Vergebung</u> geschrieben.* (S. 24/36 f.; Unterstreichungen vom Autor)

Wie reagiert der Vater? Lukas: *Da […] sah ihn sein Vater, und es jammerte ihn, lief und fiel um seinen Hals und küßte ihn.* (15,20) – Schiller: *Ich will ihm schreiben, daß ich meine Hand von ihm wende.* (S. 15/20 f.)

Wie verhält sich der zweite Sohn zum ersten? Lukas: *Da ward er zornig und wollte nicht hineingehen.* Er sagt zum Vater: *So viele Jahre diene ich dir und habe dein Gebot noch nie übertreten; und du hast mir nie einen Bock gegeben, daß ich mit meinen Freunden fröhlich wäre.* (15, 28–29) – Schiller: *Ihr beneidet den schlechtesten Eurer Bauren, daß er nicht Vater ist zu diesem – Ihr habt Kummer, solang ihr diesen Sohn habt.* (S. 13/27–30) *Euer Franz wird sein Leben dransetzen, das Eurige zu verlängern […] – keine Pflicht ist mir so heilig, die ich nicht zu brechen bereit bin, wenns um Euer kostbares Leben zu tun ist.* (S. 13/13–18) – Doppeldeutigkeit der Aussage beachten!

Wie verhält sich der Vater? Lukas: *Mein Sohn, du bist allezeit bei mir, und alles, was mein ist, das ist dein.* (15,31) – Schiller: *Vergib mir, mein Kind; zürne nicht auf einen Vater, der sich in seinen Planen betrogen findet. Der Gott, der mir durch Karln Tränen zusendet, wird sie durch dich, mein Franz, aus meinen Augen wischen.* (S. 13/8–11)

Zentrale Aussage: Lukas: *Ich bin hinfort nicht mehr wert, daß ich dein Sohn heiße.* (15,19) – Schiller: *Der alte Moor bittet: o mein Karl, mein Karl! Vergib mir! [...] Ich hab gesündigt im Himmel und vor dir. Ich bin nicht wert, daß du mich Vater nennst.* (S. 131/16–27) *(verlorener Sohn)*

Schiller hält sich stellenweise eng an den Bibeltext, verändert aber das Gleichnis entscheidend: **Aus dem Gleichnis vom verlorenen Sohn wird die Tragödie des verlorenen Vaters.** Der arglistig getäuschte Vater hat unfreiwillig seinen Sohn ins Elend gestürzt (*Ich hab meinen Sohn ermordet*, S. 52/28) und sich damit selbst umgebracht. Die Welt der »Räuber« ist nicht im Zustand der Gnade – hier ist ein versöhnliches Ende nicht möglich.

3. Wenn im Unterricht die Besprechung des Sturm und Drang als Epoche vorausgegangen ist, bietet sich als Aufgabe an:

»Die Räuber« – ein typisches Sturm-und-Drang-Schauspiel?[1] *(S. 32)*

Die meisten Informationen dazu finden Sie auf S. 32 ff.

✔ **Typisch für den Sturm und Drang**

• **Form**

– keine Beschränkung im Milieu, auch die untersten Stände (Gauner, Verbrecher) sind vertreten, z. T. in großen Rollen

---

1 einige Aspekte zu diesem Thema nach: Winkler (s. S. 60), S. 60 f. und 78

(Spiegelberg als der kriminelle Räuber im Gegensatz zu den
edlen Räubern Karl, Schweizer, Roller)
- Aufbau nicht den bis dahin gültigen Regeln entsprechend:
  – Aufhebung der drei Einheiten
  – viele, stellenweise kurze Szenen, Ortswechsel
  – Auftreten zahlreicher Personen: Darstellung der Vielfalt
    des Lebens

- **Sprache**
- viele Ausrufe (Bedeutung des Ausrufezeichens!) als Zei-
  chen der großen Gefühle und Leidenschaften
- Anakoluthe (Satzbrüche): S. 35/27–35; S. 116/23–27; un-
  vollständige Sätze: *Hund, hör auf zu schimpfen, oder –*
  (S. 70/3); S. 101/15–30.
- Kraftausdrücke: S. 19/35 ff; *Franz heißt die Kanaille?*
  (S. 26/18); S. 69/37–S. 70/2 (S. 130/12); S. 116/8 f.
- ausdrucksstarke, oft übertriebene Bilder: S. 21/22ff.; S. 31/
  18–28 und 32–39; S. 35/40–36,40; S. 52/31ff.; S. 80/26–38;
  S. 97/17–40; S. 116/18–S. 117/25
- Pathos (durchgängig)

- **Inhalt**
- Freiheit (S. 20/27; S. 17/9ff.)
- Liebe zur Natur, Heimat (S. 81/23–29; S. 80/12–S. 89/10)
- Gefühlsausbrüche (Regieanweisungen!; S. 80/1–S. 82/26)

✔ **Nicht typisch für den Sturm und Drang**

politische Aktion nicht im Alltag, sondern in einer Märchen-
welt („böhmische Wälder"); **Anerkennung der Weltordnung**
am Schluss, damit **Abkehr von der Revolution** und dem Ideal
des Menschen, der sich selbst die Gesetze gibt (wie noch Goethes Prometheus, der sich Gott gleich fühlt, Menschen nach seinem eigenen Bild erschafft, die Ohnmacht der Götter verspot-
tet; Gottesfeindschaft, Absage an Schuldbewusstsein, Buße,
Reue); bei Schiller dagegen starke **Bedeutung der Religion als
Ordnungsmacht** (allerdings einer pietistisch verstandenen Religion ohne Kirche!), vgl. auch Interpretation S. 51 und 57

4. Weiteres mögliches Thema:
Bedeutung von Intrige und Freundschaft

Intrigant – Gegenpol zum Freund

Intrige: Machenschaft, die heimtückisch und hinterlistig die Widerstände beseitigen will, die am Fortkommen und Machterwerb hindern → Gegensatz zur Offenheit des Freundes
Freundschaft: ein Versuch, ein Ideal der Menschheit zu verwirklichen – Intrige dagegen als das Teuflische; in der Freundschaft erfüllen Ich und Du ihre gottgesetzte Aufgabe

4 Intrigen von Franz

– gefälschter Brief aus Leipzig: Verzweiflung des Vaters
– manipulierter Brief an Karl: Karl wird Räuber
– gefälschte Informationen über Karls Tod: physischer und psychischer Zusammenbruch des Vaters (*Körper vom Geist aus verderben,* S. 40/30 f.)
– (gescheiterter) Versuch, Amalia durch Lügen für sich zu gewinnen (vgl. I, 3 und II, 2)

Freundschaft

– Amalia: der zur Liebe und Freundschaft unfähige Franz scheitert bei Amalia, die in ihrer unbedingten Treue zu Karl das Prinzip der Freundschaft verkörpert (s. o. I, 3 und II, 2).
– vorbildliche Freundschaft unter den Räubern: der Hauptmann schwört seinen Leuten Treue wie sie ihm; um Roller zu befreien, wird eine ganze Stadt in Schutt und Asche gelegt (was im Kontext der Szene als großartige Tat anzusehen ist); Schweizer hat Karl das Leben gerettet – Karls Dank: *Schweizer, so ist noch kein Sterblicher geehrt worden wie du! – Räche meinen Vater!* (S. 117/38 f.). In einer aus den Fugen geratenen Welt ist die Räuberbande der Stabilitätsfaktor, weil hier noch das Gesetz der Freundschaft gilt.